中国文化

节日

王学文 著

图书在版编目（CIP）数据

中国文化. 节日 / 王学文著. -- 北京 : 五洲传播出版社, 2025.1
ISBN 978-7-5085-5219-4

Ⅰ. ①中… Ⅱ. ①王… Ⅲ. ①中华文化②节日－风俗习惯－中国 Ⅳ. ①K203②K892.1

中国国家版本馆CIP数据核字(2024)第088929号

中国文化系列丛书

主　　编：王岳川
出 版 人：关　宏

中国文化·节日

著　　者：王学文
责任编辑：高　磊
图片提供：王学文　FOTOE　中新社
装帧设计：丰饶文化传播有限责任公司
出版发行：五洲传播出版社
地　　址：北京市海淀区北三环中路31号生产力大楼B座7层
邮　　编：100088
电　　话：010-82005927，82007837
网　　址：www.cicc.org.cn
承 印 者：北京圣彩虹科技有限公司
版　　次：2025年1月第2版第1次印刷
开　　本：889×1194mm 1/16
印　　张：10
字　　数：180千字
定　　价：88.00元

目录

前言 6

节日中国 8

节从何来 10

多彩中国节 16

节日与中华文化 23

坚韧的记忆 30

春节：华夏认同 32

端午节：追念先贤 38

国庆节：强国梦想 43

神圣的祭拜 48

清明节：慎终追远 50

七月十五：人鬼共欢 55

古尔邦节：牺牲奉献 60

世俗的狂欢 66

社火：欢天喜地 68

泼水节：浴佛娱人 72

火把节：激情燃烧 76

生产的节律 80

二月二：春龙抬头 82

那达慕：草原欢聚 86

开洋谢洋节：人海和谐 91

社会的维系 96

中秋节：月圆团聚 98

鼓藏节：以鼓之名 104

纳顿节：节日脉络 108

生命的礼赞 112
儿童节：节日精灵 114
姊妹节：银饰年华 120
重阳节：九九敬老 124
情爱的歌唱 128
七夕节：牛郎织女 130
三月三：春情萌发 135
卯节：旺盛生命 140
结语：重新发现节日 145
后记 154

前言

“高兴得像过节一样！”

每当为喜悦之事雀跃欢歌的时候，人们都会有此感叹。这就是节日给人类的最直接感受。

节日是人类社会一种普遍性的文化现象。通常认为节日是具有群体性、周期性以及相对稳定内容和程式的特殊时日。无论是在农业社会、工业社会还是信息化社会，节日总是贯穿其中，异彩纷呈。有历史久远的传统节日，也有伴随着民族国家的建立、发展而创造出的现代节日；有政治性节日、宗教性节日，还有世俗性节日；有专属于某一行业的节日，也有专属于某一性别群体或年龄群体的节日；有祭祀主题的节日、情爱主题的节日、欢聚主题的节日、娱乐竞技主题的节日，林林总总，各式各样。

节日的产生有着“无中生有”的特点，但不是无意义、无原由的产生。我们总能从过节人群所在的自然地理、历史文化、政治制度、经济方式中找到节日起源和所以能承继下来的理由。节日，重温、解释和继承着人类的过去，塑造、演绎和维系着人类的现在，也同样在昭示、鼓舞和开创着人类的未来。试想一下，在均匀、无差别而又连续不断的绝对时间之流中，如果没有节日这种创造性的、独特的人文时间间隔的话，人类生活会是何等的乏味无趣？在人类的生活中，它就像将时间串联起来的珠子、支撑日常生活的一副骨架，成就着人类五彩缤纷的人文世界。没有节日，人类会缺少很多的精气神和情乐趣。正如学者刘东所说，“缺乏节庆的生活就算不上文明的生活，失落了节庆的文明就准是失落的文明”。

中国是一个节日大国。在悠久的历史、广阔的疆域和多样的生态下，中国各民族创造、传承和发展了丰富多彩的节日文化。中国有多少节日？没一个很准确的数字。“大节三六九，小节天天有”的俗语生动反映出中国的节日之多。这些节日，是中国文化集中呈现的舞台和重要的组成部分。神话、传说、信仰、仪式、戏曲、音乐、舞蹈、饮食、工艺等构成中国文化的各种因子都离不开节日。它们承载了中华民族的历史记忆、文化创造、社会机制和生活情趣。从节日里，人们满足着感观之欲，强化着群体的认同，实现着族群的繁衍，寻找着精神的安顿和心灵的慰藉。

进入现代以来，中国节日的谱系和现状一如飞速发展和激烈转型的中国社会，表现出前所未有的复杂性和多样性。一面是“再也没有节日了”“过节没意思”的抱怨持续不断，一面则是标榜着节日之名的“节日”风起云涌，充塞于视听。传统节日如春节、端午、中秋及一部分少数民族节日在当下中国发展的语境下被加以弘扬，但节日的精神和内容正在发生着转型。还有一部分传统节日，如上巳节、社日却因为种种的原因逐渐萎缩，甚至沦为故纸堆里的记录或心中的记忆，在现实生活中没有了踪影。五四青年节、六一儿童节、国庆节等节日虽是现代民族国家发展历程中的产物，但已深深地嵌入当代中国人的时间体系之中，国人已经习惯了期待和欢度这些“新节日”。圣诞节、情人节等西方节日在中国青年人中颇受青睐。呈现在世人面前的就是这样一个传统与现代、世界与国家、民族与地域、神圣与世俗交织杂糅而成的节日谱系。在岁月的轮回中，在生命的历程里，这些节日成为中国人平常生活里的非常时刻，构筑起中国人张弛有度的生活。

《中国文化·节日》是一次对当下中国节日蜻蜓点水式的观察。我们从众多的节日中选出21个节日，然后从节日的内在精神出发，分为坚韧的记忆、神圣的祭拜、世俗的狂欢、生产的节律等七大主题进行书写。在进行历史的追溯的同时，更加着力于现状的展呈，希望为读者勾勒出中国节日的进行时。当然，节日的主题通常是综合性的，有着复合的特征。某一节日的主题不仅有祭祀主题，还有着欢聚娱乐等其他主题。所以，这种主题分类只是为了方便书写，更加突出了该节日某一方面的特征。

明万历册页张杏雨画《新年》（选自《山东淄博文物精粹》）

节日中国

节日是不同族群依赖于各自的运势，平添在时间之流上的特殊人文意蕴。每个国家的节日都与这个国家和人群的历史传统紧密相关，体现着独特的认知和行为方式，有着独特的人文价值。理解中国的节日，要将其放在中国的历史文化脉络和发展情境之中。

节从何来

节，繁体写作“節”，在《说文解字》中属于竹部。竹子从嫩芽开始，每蜕一次壳便会长出一节。中华民族的祖先将竹子这种推陈出新、节节长高的生长规律用于形容按一定规律分段，于是就有了“節”。竹节分段这种有规律可循的节奏性，更被引申用于器乐、礼节、品德和哲学之上，如《尔雅·释乐》称“和乐谓之节”，《周易》中专门有“节卦”。“节”本身的意义就表明节日是中国人在时间体系之上设定的一个个间隔点。

中国西南地区生态与稻作农业（**王学文摄**）

贵州黎坪侗寨中的风雨桥（**王学文摄**）

这种间隔点的设定不是随意为之。它首先是建基于中国的岁时制度之上。古代中国人依据自然变化的规则，对时间进行切分，进行人文标记，逐渐提炼出用于指导生产生活的一套时间系统——岁时。在汉代（前 206—公元 220），中国就形成了四时八节二十四节气的完备岁时系统：一年分四时，四时分八节，每节分三气。四时即春、夏、秋、冬四季，八节即日最短的夏至，日最长的冬至，日夜等分的春分、秋分，天气暖和与炎热开始的立春、立夏，天气凉爽与寒冷开始的立冬、立秋。二十四节气[1]则以节气歌谣、谚语的形式为民众所掌握。

藏传佛教中的佛像（王学文摄）

二十四节气歌

春雨惊春清谷天，夏满芒夏暑相连。
秋处露秋寒霜降，冬雪雪冬小大寒。
上半年是六廿一，下半年是八廿三。
每月两节日期定，最多只差一两天。

古代中国就是依赖这套岁时时间制度，协调着人与自然、人与社会的关系。当然，这套时间制度不仅是一种时间的标注体系，更是神权、礼权、政权的实现手段。统治者通过颁行历法、祭祀仪式等“敬授民时”的安排，统治、掌管、引领着民众的岁时生活。岁时性的节日就在这种上行下效中逐渐成型。如立春之日，天子要亲率众官员到京城东郊迎春，迎“春之神”芒神和春牛。这一节俗从战国（前 475—前 221）到清代（1616—1911）一直被作为一个官方礼仪在全国施行。至今，在中国的民间还有“接春”“打春”的习俗。虽然根据文献记录，这些节气在当时都有着祭祀仪式和内容安排，但值得注意的是，并不是所有的节气都发展成为后世所称的节日。今天，我们看到的仍为节日的节气有清明和冬至。

台湾云林县西螺镇妈祖庙平安灯高挂迎春节。

一般认为，汉魏时期，随着社会政治经济文化条件的变化，传统的时令祭礼逐渐向世俗的岁时节日过渡，从神权和政权的统治阶层主导向民间社会的自发认同和接受转变，影响中国 2000 多年的岁时节日体系基本形成。[2] 不能忽略的是，在四时八节二十四节气的岁时制度之外，中国的一些少数民族还拥有自己的时间历法。他们的节日虽然受到汉族为主体的历法的影响，但依然与他们自己的历法体系联系紧密。藏族的节日依藏历确定。居住于中国西南地区的水族有水历，水族的两个重要节日端节和卯节的节期均以水历来确定。

可以说，节日初生于岁时体系，但后世许多节日的出现和发展却脱离了岁时制度。即使是源出于岁时制度的很多节日，在后世的发展中也不断寻找其他的动力支持，或增加、或删改、或替代着节日起源发展、节日内容形成和变化的人文解释。自然之节律成为人文之节律、社会之节律。

一种显著的现象是，历史化、地域性的神话传说成为节日由来最常见的解释。端午节原与古代民众对于春夏之交、疾病流行的“恶五月”的认识相关，后世却逐渐与纪念和缅怀屈原（一些地方还与伍子胥、介子推）联系在一起。龙舟竞渡也演绎成了为驱散江中之鱼，以免鱼吃掉自沉汨罗江的屈原的身体。而贵州清水江流域的苗族依然流传着苟亚降服恶龙的传说，龙舟竞渡则为保佑风调雨顺，五谷丰登。这种多样化的解释与地域和人群的历史文化传统、当地的自然生态关系紧密，富有地方特色。当然，随着现代教育和大众传媒的影响，端午祭屈原之说越发盛行。

宗教和神圣叙事是节日的另一个重要来源。中国有 10 个信仰伊斯兰教的民族，这些民族的节日多出自伊斯兰教历和《古兰经》。开斋节在伊斯兰教历的 10 月 1 日。按伊斯兰教法规定，伊斯兰教历每年 9 月为斋戒月，凡成年健康的穆斯林都应全月封斋，即每日从拂晓前至日落，禁止饮食和房事等。封斋结束后，为庆祝一个月的斋功圆满完成，人们前往清真寺参加会礼。古尔邦节，又称宰牲节，时间是伊斯兰教历 12 月 10 日，以纪念易卜拉欣父子为安拉牺牲的精神。农历四月初八是源自佛教的佛诞节，以纪念释迦牟尼诞辰。雪顿节与藏传佛教联系紧密，以展佛拉开序幕。在地方社会，源自某一民间俗信，以祭祀某一地域神祇而形成的庙会型的节日更为普遍。仅以妈祖为例，在以中国东南沿海为中心、包括东亚（琉球、日本、韩国及东南亚）海洋地区的妈祖信仰圈中，大大小小的妈祖庙会有上千个。

还有一些节日的产生与一些重大的政治事件、社会事件有关。比较典型的如为纪念现代民族国家建立这一重要时刻而设立的节日，即国庆节。“五一国际劳动节”是 1889 年 7 月由恩格斯领导的第二国际在巴黎举行的代表大会上确定的，是全世界劳动人民共同的节日。1949 年 12 月，中国将 5 月 1 日定为法定的劳动节。锡伯族西迁节是为纪念清朝锡伯族西迁戍边而设，每年农历四月十八日举行，以怀念亲人，纪念祖辈驻防戍边的业绩。

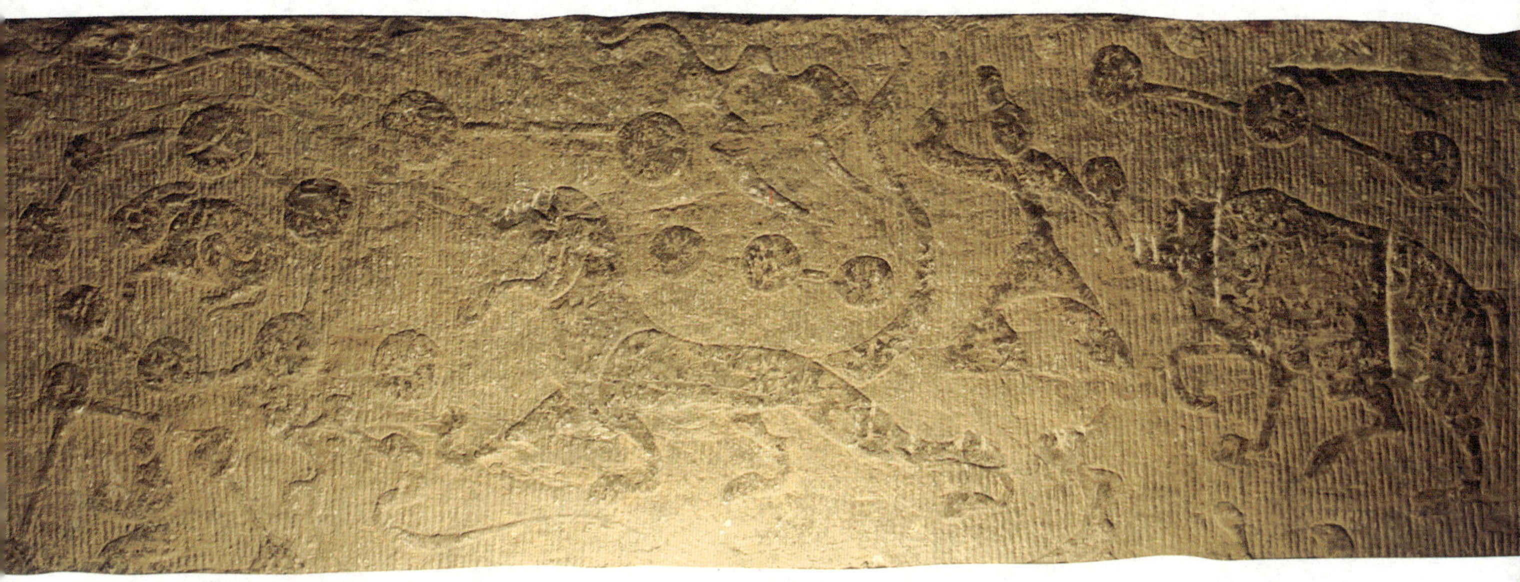

七夕节与人们对星象的认识有关。图为河南南阳汉画馆收藏的东汉画像石。画像右端有一牧童回首持鞭牵引一头牛，为牛郎。牛郎上方刻有三星相连的“牵牛星座”。画像左下角有四星相连成房子状，内有一女子跽坐，应为织女。

节日多样化的来源并不奇怪。人类的生存发展历程，就是人自身、人与人、人与社会、人与国家、人与自然关系不断调适的历程。节日作为一种文化的创设，无论是经由自然地理的、宗教的、政治的、经济的某种方式产生，都可以归为这种调适的产物。“文明的先驱们正是在这类重大的领域中，创化出整个生活世界的基本架构，并由此化育出护佑着被主动选定的人生态度的总体氛围。”[3]相较于研究者更在意从文献文物中寻找节日起源的蛛丝马迹，民众更在意于如何过节。

多彩中国节

中国是一个节日大国。但中国有多少节日，很难有一个准确的回答。到现在为止，我们还没有进行过全面的普查。当然这与我们还没有给节日一个严格的定义有关，不同人对节日内涵和外延的理解不完全一致。《中国民族节日大全》一书采用了非常宽泛的节日定义，列入了庆典、庙会、祭会、歌会等，同时也列入了现代节日。该书分民族共记录了1592个节日，其中包括69个藏族节日、107个苗族节日。[4]另外，从正在进行的一项国家级的文化典籍性工程《中国节日志》的情况来看，依然活跃于民间，在社会上影响较大、规模较大的节日保守估计应该在300个左右。统计节日数量的难度也从一个侧面反映出中国节日的丰富性和多样性。

节日是一种综合性的文化事项，很难按某一单一的性质将它们进行归类。以清明节为例。清明是二十四节气之一，可以划归农事节日，但依扫墓祭祖的节日内容又可将其划为祭祀性节日，依踏青郊游的节日内容又可以将其归为娱乐性节日——归到哪一类都有道理。因此，我们就不能用条分缕析的观念去对待节日了。一如世界各地的节日文化一样，中国的节日文化也具有着周期性、纪念性、民族性、地域性、复合性等特征。节日的这些特征在不同地域、人群和历史文化传统中有着不同的表达方式，这也是大千世界“和而不同”的魅力所在。这里将依着节日文化中几个重要的主题特征来加以叙说，以呈现中国节日丰富多彩的概貌。

日常与非常的间奏

节日是在日常的时间流中插入的一种非常的时间间隔。这种“常”与“非常”的间奏，使我们的生活成为一种有节奏有休止符的韵律，与张弛有度的中国传统哲学精神完全契合。中国节日让人类的社会

新疆鄯善，民间艺人弹唱《十二木卡姆》，喜迎诺鲁孜节的到来。

贵州省丹寨县的水族村民以跳芦笙舞的形式欢度一年一度的端节。

性时间配合自然性时间而形成一种宇宙图式，显现中国文化阴与阳互补互衬的功能。张与弛、常与非常符合中国的节庆特性与日常性文化活动的实践逻辑和认知思维模式。[5]节日的非常性表现在多个方面。节日选择的时间本就是“非常”的，或与自然节律相合，或与神圣叙事相关，或与重大事件相连。冬去春来，冰雪消融、万物复苏之际，汉族民众欢度二月二，维吾尔族、哈萨克族欢度诺鲁孜节，以节日来结束冬季的休养生息，开启新一年的劳作。贵州水族的卯节在水稻插秧之后，在雨水充沛、植物生长茂盛、最富生命力的时段祈佑禾苗生长，期盼稻谷丰收；端节则是在稻米归仓之际，庆贺丰收、辞旧迎新。节日时的服饰、饮食、器物等文化符号也异于日常。无论是达官显贵还是贩夫走卒，节日时总要努力创造一种节日态、一种非常态。《红楼梦》中记载的荣国府每逢节日时张灯结彩、亲友欢宴的奢华热闹自不必说，京剧《白毛女》中杨白劳给喜儿扎红头绳的唱段更加生动：

> 爹爹东奔又西颠，卖豆腐赚下了几文钱，集上称来二斤面，吃饺子过个年 …… 人家闺女有花戴，爹爹无钱难买来。红头绳扯了整二尺，亲手与儿我扎起来。

北京民间花会团体在妙峰山庙会开幕式上玩杂耍。

以上还只是节日在文化符号层面的“非常”，更深刻的“非常”表现在社会结构的层面。传统中国的文化讲究克己复礼，讲究尊卑、长幼、男女有别，以三纲五常作为基本道德原则和规范，所以在日常的生活里有着一整套的礼仪规约。但这只是中国文化的一副面孔。在节日的情境中，中国文化一改呆板、生硬、冰冷，而变得生动、柔软且热情，有些节日还表现出狂欢、神秘。在中国青海、甘肃、宁夏等省区流布很广的众多花儿会上，那种男女在平日的私人空间里都不好说出口的甜言蜜语，却可以在这种节会的情境中，在众人的围观中歌唱出来。

园子里长的是绿韭菜，
不要割，
就叫它绿绿地长着；
尕妹是阳沟阿哥是水，
不要断，
就叫它清清地淌着。[6]

男女有别的种种清规戒律在节日的空间里得以暂时地放开。在人员流动还非常有限和缓慢的传统社会，节日曾经是一种创造男女相识、支持人类繁衍的方式。在当下五六十岁的苗族、水族、壮族民众中，通过节日欢聚结成婚姻的还占有一定的比例。节日讲究普天同庆，官民同乐。以正月十五元宵节为例，隋炀帝（604—618 年在位）、唐太宗（626—649 年在位）等帝王不仅颁政令以支持，而且每逢节日期间还会参与到民众的庆祝中，甚至还有微服私访的传说。在中国古代等级森严的皇权社会，节日是难得的一个平等空间。在节日里，等级和身份之别得以暂时消弭，创造出一种节日的平等。总之，节日传递出的是一种与日常生活不一样的气质。正如维克多·特纳（Victor Turner）关于仪式的著名研究：以仪式过程的视角来看，节日前、节日中和节日后构成了一个“结构—反结构—结构”的过程，节日中就是特殊的“阈限”和“交融”的阶段，是世俗与神圣的混合体，此时是“时间之内或时间之外的片刻”，此地是“世俗的结构之内或之外的存在”，是可以暂时性地失礼、失序、颠倒、狂欢的非常时刻。[7] 节日中这种暂时性的“反结构”和“非常态”与节日前、后的“结构”和“日常态”共同构成了一首完整紧凑的乐曲。

云南德宏州，傣家僧人进行浴佛仪式，开启泼水节。

神圣与世俗的交融

节日是神圣与世俗的混合体。在雪域高原 8 月的清晨，拉萨哲蚌寺的巨幅释迦牟尼唐卡在阳光照耀下的后山上徐徐展开，信徒们摩肩接踵、虔诚膜拜，庄严肃穆中拉开雪顿节的序幕。但在这之后的节日期间，藏戏和游艺宴饮则洋溢着一派世俗的欢乐。在北京的妙峰山庙会、河北的苍岩山庙会、四川的梓潼庙会等庙会中，人们在庙内诵经献祭、礼佛敬神，在庙外则是花会竞技，庙市兴隆。江西南丰石邮村的傩班正月期间不辞劳苦地走村串户，在傩神庙、家户中戴着傩面恭敬地演绎人类从蛮荒到文明的历程，以傩神的名义为乡邻驱鬼逐疫。在他们的周围，则是孩童的追逐嬉闹和正在搓麻将或是闲聊的村民。清明节要扫墓、祭祖，同时还有重要的郊游踏青。云南信仰南传佛教的傣族、布朗族等民族在泼水节期间不仅要虔敬浴佛，还会泼水狂欢。神圣与世俗在节日中并行不悖且如此和谐。神圣性是众多节日从缘起时就被赋予的，可以说这种神圣性是当前节日内容中保持相对稳定的部分。某一节日如果“失了神”，它在民众的观念中就会变得可有可无，在实践中也就会更加随意和多样。当前关于节日没意思，节日只剩下吃吃喝喝的抱怨很大程度上是由于节日中应有的神圣性、庄严感没有了，沦为了浅显的口舌之欲。

江西婺源的新春傩舞表演

湖北老河口木版年画作品《灶王爷》

当然，如果节日一味地强调神圣性，也肯定不能够大范围地扩布。节日在强化信仰层面的威严和功能时，也创造出满足世俗需要的空间。简单说，世俗需求包括了饮食、游艺、娱乐、交往、团聚等。如果说节日中的神圣性满足了个体、群体精神上的需求的话，节日的世俗性则维系了个体的成长和群体的繁衍。

内与外的边界建构

尽管有很多节日是跨国界、跨民族、跨地区的，但节日作为一种文化事项，有着极强的群体性、区域性。同一个节日在不同国家、民族、区域会有不同的节日内容。春节是中国分布最广的节日，据不完全统计，有30多个民族过春节，而且随着春节成为国家法定放假的节日，过春节几乎成为全民性的，但节日内容却千差万别。中国北方讲究大年三十吃饺子，南方是吃汤圆。过春节前要送灶王爷，但送灶王爷的时间在原来还有“官三民四船家五”的说法，即官员在腊月二十三送灶，农民在二十四送灶，生活在船上的疍民在腊月二十五送灶。至于节日某一内容的细节，在各地、各类人群中的差异就更多了。正所谓“千里不同风，百里不同俗”。

同一节日的大同小异或者说主题相同而表现方式不同的现象，揭示出节日的另一个重要特征，即以节日来区分我群与他群，建立内部与外部的边界，对内强化认同，对外强化区隔。中国的春节、清明、端午、中秋等节日流布广泛，这些多民族、多地域共享共度的节日建构和强化着多元一体的中华民族的认同。节日与群体紧密相联，如火把节与彝语支民族，泼水节与傣语支、信仰南传佛教民族，古尔邦节与信仰伊斯兰教民族。还有很多区域性的节日表现出更加明确的强化区域认同的

云南巍山彝族二月八踏歌打跳（**李忻摄**）

土族轮子秋（**王学文摄**）

特征。青海民和三川地区的纳顿节每年从农历七月十二到九月十五，历时两个多月；从粮食成熟最早的下川开始，逐村向西，过中川到上川结束。这一节庆将该地域的土族村、土藏杂居和土汉杂居的村庄全部联系在一起，通过接力式的表演欢庆和迎送协调了区域内的村际、人际关系，同时也对外标榜出作为一个生活文化共同体的存在。

有些节日还通过食物的献祭、分享和礼物的流动来建构和强化内与外的边界，维系社会关系。在中国众多的节日里，神、鬼、祖先始终是重要的参与者。很多节日的核心主题就是通过一系列的仪式、活动安排来敬神驱鬼、祭祀祖先。最常用的方式就是献祭食物。人们根据献祭对象的不同，会准备牛、猪、羊、鸡等不同的祭品，还会有糯米饭、馍馍以及茶、酒等。这些祭品的提供者、制作者不是随意安排的，只有群体中符合一定条件的人才有资格。献祭完毕后，只有本群体的人才可以分享这些祭品。云南巍山彝族二月初八“祭密枯”时，全村准备整猪来祭祀。通过献生、献熟等一系列的祭祀仪式后，村中男性在密枯树下分食部分祭品，然后把剩余的祭品按村中的家户数分成若干份，带回让家人分享。

宴饮是中国众多节日的必备内容之一。春节里的家庭聚餐、吃转转饭，清明节祭祀后的举族欢宴，侗寨、苗寨节日里的千人长桌宴，都是通过分享丰盛的菜肴和甘甜的美酒，一次次地告知参与其间的人是一家、一族、一村，是亲戚朋友。贵州雷山苗族过苗年时，主人家要为每一个节日里来的舅家准备一只带尾巴的猪后腿，让舅舅带回，这已经成为基本的礼节。节日里的献祭、分享和礼物的流动，已经是共同体确认的重要方式。

节日与中华文化

节日文化是综合性文化。它不同于一般的文化事项，如建筑、舞蹈、戏曲等，可以以相对独立的视角和知识体系来认识它、分析它。节日与人类社会两个最基本的认知范畴和运转体系直接相连，即时间和空间。在时间维度和空间维度交叉建立的情境中，节日还与自然地理、生产方式、政治制度、历史传统等有着千丝万缕的联系。所以必须用一种综合性的、整体性的、发展的眼光来认识节日。

北京春节期间的民间花会：小车会（**李思晋摄**）

中国节日有博大的包容性，是中华文化的重要载体。它是一个国家或民族的历史文化长期积淀的产物，是在一定的时间节点上民众生存智慧、家国理想、社会传统维系机制的集中体现，是一个国家或民族的重要的标志性文化。节日既是文化艺术传统的创造和发源地，也是戏曲、音乐、舞蹈、民俗等中华文化的集中体现、展示和传承的主要载体。中国地域辽阔、民族众多，各地、各民族历史文化传统不同，其传统节日形式、内容也有不同。民族传统节日融合了传统习俗、信仰、戏曲曲艺、歌舞、民间工艺、故事传说等各种传统文化内容，内涵极为丰富，是中华文化的重要组成部分。

宗教文化在中国节日中举足轻重。伊斯兰教、基督教、天主教等世界性宗教文化深刻影响了中国信仰这些宗教的群体的节日文化。中国 10 个信仰伊斯兰教民族的节日体系就是建基于伊斯兰教的教义之上的。中国化的佛教、本土的道教除了直接发展出四月初八佛诞节、七月半盂兰盆会等多个宗教性节日外，还将生死轮回、因果报应等宗教教义和很多科仪嵌入到众多节日之中，成为节日神圣性的根源所在。天地君亲师、仁义礼智信等儒教思想和仪礼约束一直在众多节日里延传和实践。与制度性宗教不同，但受制度性宗教影响而形成的民间俗信，对中国节日的影响更为广泛而深远。有研究者称这种民间俗信和行为为“民俗宗教”。中国的民俗宗教不是基于教祖的教导，也没有教理、教典和教义的规定，其组织

正在上妆的花灯演员（**王学文摄**）

北京春节期间的民间花会：中幡表演（**李思晋摄**）

安徽祁门的目连戏表演

目连戏

目连戏，原名弋阳腔，发源于弋阳江地区，曾经流传于江西、安徽、江苏、浙江等省，是中国唯一的历史宗教戏。目连戏以《目连僧救母》而得名，是中国最古老的戏曲剧种，堪称戏剧鼻祖。

2009 年 2 月 7 日的河南宝丰马街书会现场一角。据不完全统计，当日上午前来赶会的民间说书艺人达 1000 多人，赶会听书的群众有 20 多万人次。

马街书会

马街位于河南省宝丰县杨庄镇，离县城 7.5 公里。这里原名马渡店，后又称过马渡街，历史上是一个商贾云集、物产集散的繁盛之地。每年的农历正月十三，河南各地以及安徽、河北、山东、湖北、陕西、四川等省成百上千的民间曲艺艺人，负鼓携琴，汇聚马街，说书会友，弹唱献艺。会上曲艺种类繁多，曲目丰富多彩，有河南坠子、湖北渔鼓、四川清音、山东琴书、凤阳花鼓、上海平话、徐州琴书、三弦书、大鼓书、评书、乱弹、道情等。这就是绵延 700 多年而不衰、被称为中国文化史上一大奇观的“马街书会”。

不是具有单一的宗教目的的团体，而是以家庭、宗族、亲族和地域社会等既存的生活组织为母体才形成的；其信条根据生活禁忌、传说、神话等上述共同体所共有的规范、观念而形成并得到维持。[8] 在中国节日里，对神、鬼、祖先的祭祀和表现出的功利性、世俗性都受到这种民俗宗教的影响。

节日是艺术创造和艺术展示的舞台。很多中国艺术脱胎于古老的巫术、仪式，与节日的发展相伴随，逐渐形成百戏、百艺。纵观中国戏曲的发生发展史，早期的演戏活动几乎都离不开节日的大背景。节日里请戏、看戏是非常普遍的内容。不同的节日还上演不同的戏曲。七夕、中秋上演节令戏，七月半上演目连戏，庙会上演庙堂戏。在江西省广昌县还有一种以孟姜女哭长城为题材的戏曲，每年只在春节期间演出一次，称为孟戏。每年的胡集书会、马街书会等节会，更会吸引成百上千的民间曲艺艺人负鼓携琴，汇聚一堂，说书会友，弹唱献艺。中国的剪纸艺术更离不开节日的情境。每到春节期间，在北方农村，各种剪纸会装点在墙壁、门窗、房柱之上，传递着美好、吉祥。在节日里，如果没有欢歌热舞，没有鼓乐齐鸣，也就没有了节日的情趣。一个没有艺术的节日是难以想象的。

雪顿节上的藏戏表演（**王学文摄**）

胡集书会

胡集书会是兴起并扎根于山东省惠民县胡集镇的一种曲艺集市盛会。胡集，是山东省惠民县（古为武定府）东南最大的一个集镇，农历二、七逢集，每年夏历正月十二是春节后的头一个大集，这天必开始举行灯节书会。胡集书会从元朝（1206—1368）兴起，至清初极盛，一直沿袭至今，已有700余年的历史。最早源于曲艺艺人的竞技活动，后逐渐演变为以联谊为主、具有习俗性质的自发性民间曲艺交流活动。

青海热贡地区的僧人正在画唐卡（**王学文摄**）

谈中国节日，另一个不能忽略的就是节日中丰富多彩的饮食文化。饮食文化不仅包括饮食本身，还有与饮食有关的观念、行为和礼仪。节日里的饮食有浓郁的地方特色。山东各地的民众每逢节庆都会蒸制各式各样的饽饽。洁白的面粉和成五颜六色，再捏揉成“聚宝盆”、“龙凤呈祥”、“石榴花开”等模样，寄托了人们的美好愿望，象征着丰登欢庆、美满幸福、健康长寿、吉祥如意。有的大饽饽会达到四五斤重。贵州省三都水族自治县九阡镇的水族民众在过节前会用多种草药酿制九阡酒，在过节时还会专门做鱼包韭菜以待客。与宴饮有关的习俗更为有趣。羌族人过节时喝咂酒，即将细竹管插入青稞酒坛中，男女老人轮流吸饮。苗族人过节时，会在寨门前设置拦门酒。蒙古族更是无酒不成节。身着盛装的蒙古族姑娘手捧洁白的哈达和银碗，把圣洁的美酒和甜蜜的歌声同时献给每一位客人。喝酒时要用左手端着酒杯，用右手无名指先到酒盅里蘸一点酒，向天弹一下；再蘸一点酒，向地弹一下；最后蘸一点酒涂在自己的脑门上，表示敬天、敬地、敬人和对佛、法、僧三宝的祈祷。

节日，是一种集大成的文化，集合了上至生存哲学、下至世俗生活的所有内容，同时前可追世代历史，后可期发展愿景，有七情六欲，有柴米油盐。想要进一步了解中国文化，节日无疑是一个重要的窗口。

为节日准备的糍粑（**王学文摄**）

青藏高原上的赛马（**杨晓南摄**）

春节期间妆点一新的澳门街头（王学文摄）

坚韧的记忆

节日是建构和强化共同记忆、建立群体认同的重要方式。人类通过两大系统来建构和记忆历史，一是书写系统，一是身体系统。简单说，书写系统就是以文字记录为主要方式的记忆历史的系统；身体系统则是通过身体的实践，如口耳相传、言传身教、亲力亲为等方式来记忆和传承历史。这两大系统在中国节日里都非常发达，而且高度融合、互相支撑。传说、故事、歌谣、史诗等口头叙事和把这些口头叙事历史化了的、不断层累下的文字记录是我们解释节日缘起的源泉。节日中的仪礼、活动、禁忌、服饰、饮食、用品塑造着节日中人们的身心，让人们在节日的情境中，在共同的时空律动中，重温久远的族群历史，强化民族国家梦想。

春节：华夏认同

云南徐广清剪纸《迎春》

春节之于中国人的意义已经不需要再多着笔墨。从古至今、从上至下、从老到幼、从男到女、从阳春白雪到下里巴人，都在一直感受着、寻求着、实践着“过好春节”的主题。春节在中国人的生活体系、情感体验、精神世界和民族国家构建中一直担当着重要的角色。

春节最初是汉族的节日，但是随着族群的互动、社会的发展和多元一体国家的建立，时至今日，春节已经成为中华民族的节日，是中国分布最广泛、涉及人口最多、内容最丰富的传统节日。据不完全统计，中国有 30 多个少数民族与汉族一样过春节。

春节，在古代曾称为岁首、正旦、元旦、新年，现代中国人习惯称为春节、过年。春节的形成发展与农业耕作文明紧密相关，是古代中国人在长期的生产生活中对天象历法、季节转换、粮食种收的认识和实践，经由加载各种人文内涵而形成的。虽然在 1912 年中华民国引入公历后曾有短暂的时间将公历的 1 月 1 日定为新年，称为“元旦”，力图移风易俗，但最终也未能改变民众依农历过年的习俗。

农历一月一日，被认为是一年之元、一季之元、一日之元，是新旧交替的重要时刻，自然要认真对待。于是，中国的民众围绕着这一时刻就有了长达 40 余天的春节时段。通常我们说过年是从腊八开始，到正月十五元宵节后结束，也有的地方是到二月二后结束。“长长 40 天，天天有节目，处处有讲究，

四川广安白市镇老街居民打年糕迎新春

事事有说法，这色彩与数字都有深刻的年的内容，这便构成了庞大、深厚、高密度的年文化。”[9]

腊八到除夕夜之前，是“忙年”的阶段。家家户户紧张而有序地完成从物质到精神的过年准备。在民间流传着的儿歌生动地描述了这一忙年的过程：

浙江义乌，外国商人入乡随俗，在自家房子门楣上张贴专门请人写的春联。

小孩小孩你别馋，过了腊八就是年。腊八粥你喝几天，哩哩啦啦二十三。二十三，糖瓜粘；二十四，扫房子；二十五，做豆腐；二十六，炸羊肉；二十七，杀公鸡；二十八，把面发；二十九，蒸馒头；三十晚上守一宿，大年初一扭一扭。

忙年的内容在各地略有差异。腊八日要喝“腊八粥”。腊八粥是用红枣、粟米、糯米等八种原料熬制的。此俗与佛教佛主喝粥的故事有关。腊月二十三，又称小年、祭灶节。灶在中国人的思想观念中是独立家庭的象征。家家有灶，灶有灶神，或称灶王爷，是玉皇大帝派驻家庭的神，行使监督和保佑之职。民间相传，小年这天灶王爷要返回天廷汇报和述职。为了让他“上天言好事，下界保平安”，各家要在这天用黏糖和酒来封灶神的口，仪式诙谐生动。随着年的一天天临近，从个人到家庭要进行一次全方位的洗礼。人们要沐浴、剃头，置办新衣新帽，使身心清洁振奋；家庭要进行大扫除，扫荡灰尘，同时剪窗花、贴年画，把家庭装点得焕然一新。中国人也一改平日的节俭，将经年的积累用于过年，会购买大量的衣物、食品，似乎平日的辛劳只为了此刻的享受一般。这种忙碌一直会持续到“一夜连双岁”的除夕夜，全家团聚在一起，吃年夜饭。儿童此时还会得到长辈给的用以保佑孩子健康平安的压岁钱。年夜饭后，全家守岁到天明。

在响成一片的爆竹声中，人们迎来新一年的曙光，也迎来正月里的各种欢庆与表演。正月里，人们

江西石邮春节跳傩（**张刚摄**）

不会从事农业生产，而将全部的精力和情感投入到社会的“生产”之中。敬天、祭祖、礼神、拜年、宴饮、娱乐是正月里的核心内容。在江西省南丰县的乡村，村民在正月初一会首先到村庙中祭神迎福，然后到村里的祠堂祭祖；之后，人们走亲访友，互致祝福。在山东、河北、山西等地，家家户户要设天地神龛，供奉天地爷。总之，正月十五前的每一天都被赋予特别的文化意义，各种传说附会其上。民间一直流传着“正月初一日为鸡日，二日为狗日，三日为羊日，四日为猪日，五日为牛日，六日为马日，七日为人日”的说法。每天也都有不同的习俗安排。如正月初五是“破五”，要吃饺子，迎财神；初十日被认为是老鼠嫁女日，要为老鼠蒸糕，同时不能打扰；等等。

如果说除夕是春节第一个高潮的话，那么随着正月十五的到来，春节进入第二个高潮。正月十五，又称元宵节，道教中也称为上元节，是春节这一节期的压轴大戏。灯会是元宵节的典型节俗。现在灯会仍广泛分布于中国的城市中，如自贡灯会、秦淮灯会、洛阳灯会等。正月初的很多节日内容是围绕着家庭、家族展开的，以家庭、家族为单位与神、祖先进行交流。正月十五前后则进入社会狂欢演剧的时段，社会关系延及整个村庄，甚至跨越村际，实现更大范围的交流整合。黄土高原上狂欢的社火，东北大地上奔放的秧歌，西南地区多彩的歌会，两湖两广的花会、灯会、庙会，使长城内外、大江南北的中国大地沉浸在一片欢腾之中。河北省武安市固义村每年元宵节期间都要上演一场被称为“捉黄鬼”的仪式，届时全村动员，500余村民担当演员，通过迎神、敬神、送神仪式和脸戏、赛戏、狮子舞、霸王鞭、武术、

南京秦淮灯会

旱船、竹马等常见的花会表演，宣扬孝道，祈求平安。人生如戏，戏如人生，村民在自演自唱自赏中获得精神的愉悦。

我们基本可以将春节中纷繁多样的节日内容概括为辞旧迎新、祭神敬祖、亲朋联谊、游艺娱乐等主题。但是随着时代的发展，春节节俗的内容发生着巨大的变化，现代网络和通讯工具的普及，改变了人们传统的拜年方式。电子邮件拜年、短信拜年成为青年人的时尚选择。过年时在家里团聚的传统方式也悄然发生着变化，春节期间全家出游的越来越多。在城市里，年夜饭也不再需要耗费时间来准备，开始流行在饭店预订。以前充满着民间俗信和神圣意味的仪式内容，如敬神、祭祖等也呈现出去神圣化的趋势，不断被简化、淡化。相反，以市场消费为导向的行为和功利性交往则越发强烈。这也就有了当下很多中国人关于年味变淡的慨叹。

然而，春节作为中国人最大的认同是没有变化的。“有钱没钱，回家过年。”每到春节，数以亿计的中国人就会义无反顾地涌向机场、火车站、汽车站，经历一番舟车劳顿，只为回家吃年夜饭。这也就有了世界知名的“春运”现象。过年，涉及假日体系、交通安保、劳动保障、文化传承、社会心理等各个层面。当前，“如何过好春节”已经不仅仅是个体、家庭、社区的问题，而且成为一个政治的、社会的、经济的、文化的问题。

北京春节期间的民间花会：踩街（**李思晋摄**）

2013 年 2 月 14 日是西方传统情人节，又逢中国农历正月初五，在北京朝阳公园国际风情节上，外国情侣身穿民族服装与中国游客一起包饺子，过双节。

端午节：追念先贤

天津杨柳青木版年画线板《端阳节闹龙舟》

端午节的节期在中国农历五月初五，迄今已有2500余年历史。端午节的最初节日意义主要聚焦于祛邪、避恶之上。农历五月，有“恶月”、“凶月”、“毒月”之说。在中国传统的季节认知中，此时正值春夏之交，是阴与阳、死与生激烈较量的时刻。现代科学也证明，此时也是霍乱、疟疾等流行病开始盛行的时候。因此，在端午节的节俗中，有着丰富的强身健体、安顿身心的内容，如悬挂菖蒲叶、艾草，饮药酒，兰汤沐浴等。但是发展到今天，端午节俗在保有祛邪、避恶的意义之外，还被加载了追念先贤，特别是纪念屈原的人文意蕴。

节日与历史事件、历史人物之间的关联是非常普遍的现象。当一个岁时节日与某一历史事件、历史人物嫁接在一起的时候，就意味着这一节日从自然之节向人文之节的转变。这也是人文世界的典型特征。屈原是春秋战国时代著名的爱国诗人，因悲愤楚国国土沦丧而自沉汨罗江。端午节在楚地（今湖南、湖北、安徽一带）早已存在，每当此时，人们就会赛龙舟、包粽子、喝雄黄酒。根据闻一多的研究，这些节俗除了季节转换时人们的身心之需外，还有着更为深远的龙图腾祭祀的缘由。而后来端午节的节日意义逐渐聚焦于纪念屈原之上，则与屈原的诗文成就和行为品格为人敬仰有关——他忧国忧民的意识对于一个族群有着巨大的凝聚力量。爱国自然能得到统治者的倡导，爱民自然会得到民众的认同。这样，具有影响力、传承价值和普世价值的人文楷模也就逐渐嵌入了端午节的解释和实践体系。当然，我们不能说屈原是端午节纪念的唯一先贤，只能说端午纪念屈原是流布范围很广，并且伴随现代社会的推崇而获得最多认可的一种说法。在有些地方，还会纪念伍子胥、介子推等历史人物。这与各地不同的历史发展境遇有关系。

陕西旬邑魏伊平拼色剪纸《鸡食五毒》

陕西高金爱安塞剪纸《虎除五毒》

陕西五毒耳枕

陕西五毒耳枕

五毒耳枕，是母亲们为了娃娃睡觉香甜，保护其耳朵不受挤压并便于流眼泪和口水，在枕中间掏一个洞而做成的造型别致的布枕头，上面绣有“五毒”图案。民间传说中的“五毒”是五种动物，分别是蛇、蜈蚣、蝎子、蜘蛛和蟾蜍，也有换之壁虎、蜥蜴的，总之要凑够五种。

山西闻喜花馍：老虎去五毒（**王学文摄**）

端午节在中国也是一个全民性的节日，众多的少数民族都过此节。节俗内容因地域、族群的不同而丰富多彩，归纳起来主要有三类：一类是避瘟保健，即挂蒲挂艾、包粽子、喝雄黄酒、兰汤沐浴、配戴香囊、除五毒等；一类是凭吊屈原的祭祀仪式和其他有着俗信意味的仪式，如送瘟神、贴钟馗像等；还有一类就是以龙舟竞渡为代表的娱乐竞技。

民谚有“端午节，吊屈原，包粽子，划龙船，挂蒲挂艾在屋檐”。在湖北、湖南、贵州、四川一带，端午节又分为大端午与小端午。小端午为每年农历五月初五，大端午为每年农历五月十五日。在屈原故里湖北省秭归县有三个端午节之说：农历五月初五为“头端阳”，五月十五为“大端阳”，五月二十五为“末端阳”。每到端午节，人们不仅要赛龙舟、吃粽子、挂艾叶，还会举办骚坛诗会，官方会举办公祭，民间则会立屈原牌位叩首焚香，祈求当年风调雨顺、五谷丰登。到了农历五月十五这天，各家各户备下佳肴接女儿、女婿回家同享，俗称“过大端阳”。这种热闹的节日气氛一直持续到农历五月二十五日也就是“末端阳”，前后长达 20 天。湖北省黄石市西塞神舟会更有特色：农历四月初八开始制作龙舟，到五月初五为龙舟开光，举行唱大戏、祭祀、巡游、送神舟下水等一系列仪式和活动，直到五月十八才结束，历时 40 天，是目前国内端午节时间较长的祈福和祭吊活动。内蒙古赤峰市的汉族民众端午节这

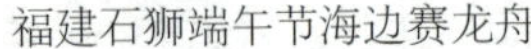
福建石狮端午节海边赛龙舟

龙舟竞渡

天要在太阳出来之前采回艾蒿，然后用艾蒿水洗脸，清心明目。江苏苏州与其他地区不同的是，端午节纪念的是春秋时期（前770—前476）吴国名将伍子胥，但也有包粽子、赛龙舟、挂菖蒲、戴香囊、挂钟馗像驱鬼等传统民俗。

端午节在中国传统社会是夏季的重大节日，但近代以来逐渐失落。现代医学知识的普及压缩了端午节避瘟保健的节俗内容。龙舟竞渡因涉及社会治安、地方信仰与民间社会组织等因素，在较多地方受到禁止或抑制。[10] 1949年后的很长时间里，端午节没能进入国家法定节假日体系，从而没有了过节的时间保证。在这些因素的影响下，端午节在很多地方只保留了包粽子、插艾叶等节俗碎片。这一情况到2005年后发生了很大的变化。2005年，韩国江陵端午祭入选联合国教科文组织非物质文化遗产代表作名录，激起了中国民众敏感的民族情感。虽然韩国江陵端午祭与中国端午节是在同一时间点，但二者现行的仪式和文化内涵已有原则性不同。不过这一事件还是促使中国人开始重视端午节。2009年，中国的端午节也进入联合国教科文组织非物质文化遗产代表作名录。另外，2008年，端午节被纳入国家法定节假日体系。这一切，为端午节俗的复兴创造了条件。现在，龙舟竞渡等节俗越发热闹，端午节让春夏之交的中国大地焕发着别样的激情。

国庆节：强国梦想

2009 年 10 月 1 日，参加阅兵的中国陆军航空兵直升机编队飞过天安门广场国庆 60 周年庆典现场。

国庆，简言之就是指为国家喜庆之事而庆。古代中国没有明确的国庆节之说，只是伴随着帝王的登基、诞辰、大婚及战争的胜利等重大事件，确定有类似的庆祝时日。每逢此日，统治者常会大赦天下，举国欢庆。比较典型的如“千秋节”。唐开元十七年（公元 729 年），玄宗（712—756 年在位）把自己的生日八月初五定为“千秋节”，后又称为“天长节”。每年千秋节，唐玄宗、杨贵妃都会在长安兴庆宫内举行盛大宴会和乐舞表演，与文武百官、长安百姓同乐。但此节显然不同于当下所指的国庆节。现在所说的国庆节是伴随着近代民族国家的出现而出现的，是作为一个独立国家的标志，反映这个国家的国体和政体，纪念这个国家产生或革命的某一特殊历史时刻的节日。中国的国庆节是公历 10 月 1 日。从 1949 年 12 月 2 日中央人民政府委员会第四次会议将每年的 10 月 1 日定为中华人民共和国国庆日后，这一日子就被赋予了特别的意义，深刻嵌入中国民众的政治生活和社会生活之中，成为中国人民举国欢庆的时刻。

2010 年 10 月 1 日上午 8 时，澳门特区政府在澳门金莲花广场举行升国旗仪式，隆重庆祝祖国 61 周年华诞。

国庆节的节日内容比传统节日的节俗内容有更多的政治性、公共性和时代性，通过一系列的庆典活动、阅兵仪式，彰显国家力量，标榜国家体制，塑造国家形象，凝聚国家信心。每逢国庆节，北京的天安门广场和长安街就成为节日展演的中心。

天安门广场是当今世界上最大的城市广场，是中华人民共和国举行重大庆典、盛大集会和外事迎宾的神圣重地。站在广场上环顾四周：北面是天安门，南面是正阳门，位于北京的中轴线上。天安门是明清两代皇帝颁诏之地，现在是国庆节最为重要的观礼台。东面是国家博物馆，西面是人民大会堂。国家博物馆典藏有古代中国和近现代中国革命与发展最为重要的文物。人民大会堂是召开全国人民代表大会的地方，是中国共产党、中国政府和各人民团体举行政治活动的重要场所，也是中国国家领导人和人民群众举行政治、外交、文化活动的场所。天安门广场的中心是高 37.94 米的人民英雄纪念碑，用以纪念在人民解放战争和人民革命中牺牲的人民英雄。毛主席纪念堂位于广场中，在恢宏的殿堂里，安放着中

2009 年 10 月 1 日晚，庆祝中华人民共和国成立 60 周年联欢晚会在北京天安门广场举行，绚丽的烟花照亮北京夜空。

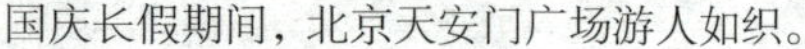

国庆长假期间，北京天安门广场游人如织。

香港港岛东区筲箕湾举行大型民俗巡游活动庆祝国庆。

国共产党、中国人民解放军、中华人民共和国的缔造者毛泽东的遗体。天安门前的长安街，也称“十里长街”，两侧矗立着一座座标志性的建筑，宽阔的街道是阅兵仪式的举行之地。这一空间的布局和所有建筑都有着神圣的象征意义，自然成为国庆节的核心。

由于政治和时局的原因，建国 60 余年来，天安门广场上演的国庆庆典也多有变化。在中华人民共和国成立初期（1950—1959 年），每年的国庆都举行大型庆典活动，同时进行阅兵。1960 年至 1970 年，每年的国庆均在天安门前举行盛大的集会和群众游行活动，但未进行阅兵。1971 年至 1983 年，每年的 10 月 1 日，北京都以大型的游园联欢活动等其他形式庆祝国庆，未进行群众游行。1984 年，国庆 35 周年，举行了盛大的国庆阅兵和群众庆祝游行。在此后的十几年间，均采用其他形式庆祝国庆，未再举行国庆阅兵式和群众庆祝游行。1999 年和 2009 年，国庆 50 周年、60 周年，举行了盛大的国庆阅兵和群众庆祝游行。

国庆节前一天的晚上，天安门广场上就会陆续涌进来自国家四面八方的数万民众，一起等待国庆节当天早上的升国旗仪式。数万人庄严肃立，齐唱国歌《义勇军进行曲》，场面非常震撼。一般而言，逢十等重要的年份，天安门广场上会举行群众庆祝游行，几十万群众分成若干游行方队，分别代表着这个国家的工人、农民、知识分子、少数民族、大学生等各群体，代表着工业、农业、卫生、科技等各领域，代表着各省市自治区和香港、澳门特别行政区，通过行进的队列、口号、标语、花车共同演绎出国家的认同、民族的自豪。最为激动人心的是阅兵仪式。最高领导人从受阅部队队列前通过，进行检阅；然后是分列式，各受阅部队列队从检阅台前通过，接受检阅。整齐的队列、先进的武器和呼啸的战机，将国家的综合实力、民族的精神面貌和社会的文化理念清晰地传递出来。国庆节的晚上，天安门广场还会举行盛大的群众晚会。歌舞升平，举国欢庆，民众为之振奋，国家为之凝聚，世界为之瞩目。同时，各地政府还会结合本地的情况，举行丰富多彩的庆祝活动。

国庆节虽然源起于民族国家的建立，有着塑造国家之民的内在指向，但这一特殊的纪念方式是与民众所切身经历的社会发展历史紧密相联的，一经产生并经由长期的实践后，就会逐渐成为民众自觉、自愿的全民性的节日。国庆节从一开始就是国家法定的假日。在近年调整过的中国节假日体系中，法定的国庆节的假期是与春节一样放假时间最长的节日，因此国庆节也成为当前中国人归家团聚、旅游度假的重要时段。每到国庆节假期，中国的航空、铁路、公路交通都会经历巨大的人流考验，旅游景区也会出现人满为患的现象。

在中国发展经济的指引和国庆期间人们出行、旅游、购物的强烈需求的推动下，国庆节还被称为“黄金周”。各大景区、公园会纷纷推出新的旅游内容，通过打折或是开辟新线路的方式吸引游客。商场的促销广告更是铺天盖地。国庆期间，各大商场会延时闭店，从正常的晚 8 点闭店延长到 10 点、11 点。有的商家甚至推出午夜专场，24 小时不打烊。人们也会抓住这个难得的打折促销的机会，成群结队到商场购物娱乐。久而久之，在当下中国人的消费观念中，国庆节也被作为购物的一个重要时刻。有媒体公布的数据显示，2012 年国庆假期，北京 130 家重点商业企业实现销售额 71.6 亿元。

一个本来庄严、神圣的国家庆典之日，俨然已被包装成为一个购物季、消费季。虽然越来越多的人认为，国庆节作为国家之节，应该体现国家的精神，体现人民对国家的情感，但这种声音在打折促销的喧嚣声中还是比较微弱。

清明节檐下插柳（叶涛摄）

神圣的祭拜

中国节日与中国人的宗教信仰、思维观念紧密联系在一起。无论人们对宗教、巫术、科学在认知上如何清晰、深化，但在节日情境中，某种约定俗成的力量依然在发挥着作用，即神圣性。在节日里，人们经由精神上的崇信、态度上的庄严、行为上的规范实践，最终达至身心上的满足和安顿。正是这种神圣性的存在，节日才得以如此坚韧地传承到今天。但是，中国节日所具有的这种神圣性非常复杂，这与中国人复杂的信仰观念有关。在众多的节日中，有生成于佛教、道教、伊斯兰教等制度性宗教，但却早已与民众世俗生活融为一体的宗教节日，如十个信仰伊斯兰教民族过的开斋节、古尔邦节；还有许多由没有严格教义、教规，与地方信仰有关的民俗宗教支撑的节日，如与中国人“神—鬼—祖先”观念息息相关的三大鬼节，即清明节、七月半、十月初一“送寒衣”；而受到交感巫术和接触巫术等原始思维和万物有灵观影响的节俗内容，在众多的节日中更是比比皆是。

清明节：慎终追远

清明节，是中华民族最重要的传统节日之一，它不仅承载了民众对已故亲人的追思，也承载了民众对春天新生的向往，更是家族亲情维系的纽带。清明节是少数的以节气名命名的节日，一般在公历的 4 月 5 日前后。清明节在一些地方又称为扫墓节、踏青节、聪明节、鬼节、柳节或三月节等，是一个多民族共享的节日。中国幅员辽阔，民族众多，不同地域、不同民族的清明节节期长短不一，习俗亦有不同，但节日主题基本是以祭祖扫墓、踏青娱乐、祈求农业丰产为主。

父亲带着孩子上坟（**王学文摄**）

山西介休扫墓时用的一种祭品——子推馍（**张勃摄**）

子推馍

子推馍原本是山西和陕北民众在寒食节时用来纪念宁死也不肯受缚于功名的介子推的贡品。介子推是春秋时期晋国贵族，曾追随公子重耳（后为晋文公）流亡国外。文公回国后，重赏随从。介子推却未领赏赐，与母隐居绵山（在今山西介休境内）。后来，文公要给他封官赐爵，他坚辞不受。文公无奈，只得放火烧山，本想逼他出来，没想到竟把介子推母子烧死在山中。

清明节是在二十四节气之一清明的基础上发展起来的。作为节气之名，“清明”一词早在先秦典籍中就已经出现，如《逸周书·时训》载：“清明之日，桐始华。”清明节之得名，正是“万物生长此时，皆清洁明净”的缘故。作为节日，清明形成于唐代（618—907）。清明节与中国传统社会的另一重要节日有十分紧密的关系，即寒食节。寒食节因人们在节日期间禁止用火、吃冷食而得名。寒食节的节期在冬至后105日，而清明节气距离冬至约为106天或107天。两节节期相连，发展到明清时期，寒食节基本消亡，部分节俗内容也逐渐整合到清明节之中。

在中国传统的观念中，人死后灵魂不灭，而是成为另一种存在，在另一个空间里关注和影响着现世的人和生活。因此，中国人以事死如生的态度和行为来对待人的生死，祖先崇拜的思想深入人心，重视丧葬和祭祀。《论语》中就有“慎终追远，民德归厚”的说法，慎终就是为父辈或祖辈办理丧事，追远就是举行祭祖活动。清明就是祭悼祖先的重要时日。民谚有“三月清明雨纷纷，家家户户上祖坟”。每逢清明时节，无论城市还是乡村，人们就会带着香烛纸钱、珍馐美馔、四时瓜果到墓地进行祭扫。

清明祭祖的形式有很多种，有的是以家族为单位祭祖，有的则是以单个家庭为单位祭祖。上坟祭扫的内容主要有两项，一是挂纸烧钱，一是培修坟墓，但时间和方式在各地略有不同。在辽宁省抚顺市的满族民众中，清明节上坟从不烧纸，而是在坟头上插“佛托”以表达对先祖的缅怀与思念。佛托是当地满族民众手工制作的象征满族女性神的物品，是由一根长1.5米左右的柳木杆上串上玉米瓤，然后扎一团五彩色纸条制作而成。贵州省安顺市的各屯堡村寨每逢清明时节会以家族为单位给入黔始祖上坟，内容包括：整理布置始祖茔坟场，在坟前上香并在坟头插上“坟标”，在始祖坟前杀鸡或杀猪进献，前来上坟的各家户陆续到坟前磕头或敬献“子孙鸡”，制作、呈放供品行祭祀礼或公布、讨论编修族谱等事宜，鸣放爆竹、礼花，最后是合众聚餐。山东省菏泽市的清明祭祖是在各姓氏的祠堂举行，首先要悬挂写有逝去亲人名字的“家堂”，然后摆放烧鸡、鲤鱼等“十大碗”和“两大盘”供品，前来祭祖的人行祭拜礼。各地的祭祖虽有繁有简，但在中国这样一个有着深厚祖先崇拜传统的国度里，清明祭祖有着旺盛的生命力。在民间，依然有“清明不祭祖，死了变猪狗”、“有后人，挂清明；无后人，一光坟”的说法。

除了清明民间祭祖的盛行外，清明公祭在中国社会也有着久远的传统和丰富的现实存在。清明公祭是由政府等公共团体在清明时节组织的集体祭祀活动，祭祀对象有的是人文始祖，如黄帝、炎帝；有的是社会先贤，如圣人孔子、修都江堰的李冰；还有就是革命先烈，如孙中山。现在，每逢清明节，中国各地都会组织大中学生到烈士陵园举行敬献花圈、祭扫烈士陵墓的活动。在北京著名的八宝山革命公墓，清明节时总是人头攒动，祭扫的人络绎不绝。

值得一提的是，明清时期还流行清明节迎城隍祭厉（“厉”即无祀之鬼）的做法。各府州县都设有厉坛，礼部则颁发定礼及钦定祭文，规定地方政府在每年清明日、七月望日、十月朔日抬城隍出巡致祭，称作“三巡会”。每一次城隍出巡都是一次盛大的仪式活动，吸引着社会各界参与其中。当下，在青海

祠堂是清明节祭祖的重要场所（**王学文摄**）

清明节为烈士扫墓已成新俗（**张勃摄**）

祭祖期间合族共饮（**赵东阳摄**）

海内外炎黄子孙齐聚陕西黄陵县桥山，祭拜中华民族“人文初祖”轩辕黄帝。

省湟源县的丹噶尔古城依然有城隍出巡仪式。清明节时，人们将木雕城隍金身用八抬轿抬出城隍庙沿街巡行，并有化装之衙役鸣锣喝道，沿途放炮。据称，城隍出巡一则查看民情民风，镇压奸邪，二是接受冤鬼禀状，三则收敛魑魅魍魉。巡行完毕，则至城西行宫升座，接受四方香火，读过祝辞，上香化表，又打道回城隍庙，神像仍安置于庙中。

随着社会的发展，人们清明祭扫的观念和行为也在发生着变化。随着近年人口流动的频繁，异地就业的人口越来越多，人们在清明时无法回到家乡上坟祭祖，于是就有了在城市的十字街口烧纸钱遥祭的现象。现代信息技术的发展，也催生出一种新的清明祭祀方式——网络祭祀。有人在网络上开设祭祀窗口，设置“时空信箱”，通过虚拟的献花、扫墓来寄托哀思，祭祀先祖。在政府的提倡和人们环保意识提升的影响下，也有越来越多的人在清明节时选择植树、敬献鲜花等方式祭奠亡灵。

清明节是非常特殊的节日，因为这一节日中不仅有向死的庄严、肃穆、哀伤，还有着向生的欢愉、喜悦和振奋。在扫墓祭祖这一核心主题之外，清明节还有一个重要的主题就是插柳踏青。清明时节，春意盎然，是万物复生之际。人们折下率先吐芽的柳枝，或插于门首，或挂满屋檐，或戴于头上，或供于神前，以除不祥。于是清明节就有了“插柳节”的别称，在民间还有“清明不戴柳，红颜成皓首”的说法。

重庆市永川区松溉镇罗氏祠堂举行的清明会，有来自云、贵、川、渝等地的2000余罗氏家族后人代表参加，其间有精彩的龙灯、腰鼓、钱枪（手拿一根绑有铜钱的木棒舞蹈）等民间节目表演。

此时，人们还会扶老携幼，走进大自然，享受明媚的春光，尽情愉悦身心。俗语甚至说“清明踏了青，不患脚疼病”。在很多地方，踏青与扫墓并行不悖。人们扫墓后会在大自然里宴饮聚餐。每到清明时节，草地上、树林里便会有家庭、情侣、好友野餐的身影。此时，打秋千、放风筝则是孩子们的最爱。

最近几年，伴随着人们对传统文化的重视，清明节受到普遍关注。2006年5月，清明节被列入第一批国家级非物质文化遗产名录；2007年12月，又被定为国家法定节假日。与此同时，清明节的文化内涵、社会功能得到深入阐释，一些传统习俗活动有所恢复。当下，社会流动的加快、交通通讯工具的发达、人们生活自主性的增加、和平环境下追求娱乐的社会心态、旅游业的蓬勃兴起、保护传统文化的自觉意识、政府的移风易俗政策等，正深刻地影响着清明节的存在状态。清明节正处在发展过程中的一个新阶段。

七月十五：人鬼共欢

鬼神观念在中国人的信仰世界中根深蒂固。虽然在科学的影响下，人们已经对人的生死有了更为客观的认识，但在中国人的深层心理和民俗生活中，依然不曾完全摆脱鬼神观念的影响。中国人认为人生活的世界是人、祖先和鬼神共处的世界，在村落和家居的空间里，有着鬼神的栖居之处。鬼神的性格是多重的。他们的善恶以及作用于人们生活的方式，一方面与他们成为鬼神的原因有关，他们要在现世寻找补偿；另一方面，也与他们在现世中所得的供祭有关系。神鬼与人们生活的关系是复杂而微妙的，但不是不可控制。处理人与鬼神的关系，就是在调适现实生活本身。人们小心翼翼地对待鬼神，或是通过谈判来和解，或是通过对抗来吓阻，更多的是通过供祭来换和平。在中国的节日里就有着丰富的这种调整人与鬼神关系的节俗内容。

山东莱芜七月半祭祖供桌（**王学文摄**）

农历七月十五是中国人处理人与鬼神关系的重要节日。七月十五是道教、佛教和民间三方力量汇流而成的“鬼节”，道教称中元节，佛教称盂兰盆节，而在民间则有更多称谓，如鬼节、七月半、过月半、阴节、瓜节、施孤节、麻谷节、河灯节等。七月半在不同地域、不同民族的节期长短不一，习俗亦有差异，但都以祭祀先祖、超度鬼魂等为主。中元节的节期多数以农历七月十五日为正日，有些地方包括十四和十五两日，但也有以十六日为节的。另有些地方始于初七、十三日等，持续三至七天不等，意即在七月初七或十三日举行仪式接先人鬼魂回家，直到七月十五日送回为止。也有的地方如港澳台地区，以七月十五为核心的祭祀活动要持续一月之久，且举行普度活动的具体日期各地并不一致，呈此起彼伏之势。当地人认为，七月作为鬼月，第一天开鬼门关，最后一天关上，整个七月都是安置大小诸鬼之期。

七月十五的主题以祭祖祀先、超度亡灵为主，其主要节俗有秋尝荐新、放焰口、放河灯、普度等活动。传说这天地府洞开，鬼魂四出，民间有“七月半，鬼乱窜”的谣谚。俗谓人死后灵魂不灭，有祀者回家接受子孙的祭拜，无祀者容易飘荡为害。七月十五主要进行两大祭祀活动：一是寺观、里社或街区作盂兰盆会。每逢七月十五，有社区的社会贤达便会礼请佛道做法事“普度”亡灵，设坛作醮，祀无主孤魂，为公祭。二是以家户为单元祭祀先祖，供奉如仪，有的还要举行家宴，为私祭。其大致仪式为：酹酒三巡，表示祖先饮宴；然后阖家团坐，共进晚餐；天黑之后，人们携带炮竹、纸钱、香烛，找一块僻静的河畔或塘边平地，用石灰撒一个圆圈，表示禁区，再在圈内泼水饭、烧纸钱、鸣放鞭炮，恭送祖先上路，回转“阴曹地府”。故在民间社会，七月十五实际上是以祖先崇拜为中心、以家人团聚为活动形式的祭祖节。

七月十五节日的形成和兴盛有着复杂的历史渊源与独特的形态特征。中国先民认为：人是有灵魂的，

祭祖时要挂上家堂（**王学文摄**）

台湾基隆“鸡笼中元祭”活动中的艺阁花车游行

灵魂永不寂灭。人死亡只是灵魂从阳间进入阴间。二者没有截然分隔，生者与死者常以特殊的交感方式进行对话与沟通。生者供祭亡者，使其在另一个世界生活顺利，而亡者也会在冥冥之中保佑生者。就这样，二者建立了稳定的互利互惠关系。这种魂灵信仰也是七月十五节日的深层驱动力所在。另外，古人早有秋尝祭祖的遗风，七月恰是新米收获的时节，此时让祖先尝尝刚熟的鲜食，以感谢其庇佑，也符合儒家孝道文化的要求，迎合了民间的祖先崇拜观念。而佛教和道教的发展，又为七月十五增添了新的意义。道教将正月十五、七月十五、十月十五这三个月圆之夜定为上元、中元、下元，分别为天官、地官、水官的诞辰，形成了天官赐福、地官赦罪、水官解厄的三元节。中元日为地官清虚大帝诞辰，地官主赦罪之事，传说会在七月十五日这天下界考察，核定人间善恶并为人间赦罪。因其宫属地，主管鬼神幽冥之事，所以道士于是日讲诵经文，超度众鬼，而追宗怀祖者也要在此日祭祀地官，为亡人祈福。亡者鬼魂于中元期间游于阳界，故需诵经文以超度亡魂。道教地官赦罪的说法，成为人们在七月十五祭祀祖先、安抚孤魂的一大支撑。佛经中记载有目连救母的故事，佛教徒据此在七月十五兴起盂兰盆会，以追荐祖先、祭祀孤魂，意在解救在地狱里受苦的鬼魂。这符合当时民众的忠孝观念，也借此更加强化了其祀先、安魂的民俗意涵。

虽说七月十五与清明节、十月一并称为“三大鬼节”，然而中华民族的神鬼意识却在七月十五期间有着特别集中而突出的展示与培育，并以多样化的节俗活动为支撑。

传统的仪式性活动在各地各有差异，主要有：接祖先、祭祀、送祖先、换孝、摆供、添坟、做盂兰盆、做纸灯、烧包、祭新丧、施饭、拜中元节、设坛做法、诵经、施孤、放河灯、放路灯、跳钟馗、焚法船、

上海崇福道院七月半炼度科仪（**黄景春摄**）

广西靖西县七月半民众于屋外烧纸衣（**陆晓芹摄**）

广西资源县居民农历七月半在资江河畔漂放河灯缅怀故人

演目连、祭厉坛、城隍巡游、祀田神、祀谷神、祀土地等。相关的活动还有蒸面羊、蒸面人、蒸花馍、送节、斗灯会、放应景戏、唱灯歌、泛舟、燃灯等。

在上述种种祭祖抚鬼节俗活动的背后，是人们的精神需求使然。人们以祖先神鬼为对象完成七月十五期间的种种仪式活动，借以调谐人与鬼的关系，同时也是在调整现实中的人际关系和自身的心灵世界。这些仪式所以能够长期传承，是因为人们在其中寄寓着常在常新的生命情感与生活愿望，并在千百年间凝聚为一种群体意志，成为中国传统乡土社会中的某种整体性文化诉求。比如香港盂兰胜会，每年从农历七月初一起举行，直至七月底止，这一民俗活动继承了潮汕地区中元节的“施孤”，以祈求异地生存平安、吉祥，并追荐祖先，悼念远离家乡到异地谋生、为繁荣香港而献身的同胞，后来逐渐成为潮汕人联结乡情梓谊，互相祝贺一年来所取得成就、交流事业成功经验的难得机会。

作为一种文化设置，七月十五的意义绝不仅仅是休养生息、缓解疲劳，而是集中调理人际关系，包括个人与社区的关系，还要借此调整人鬼关系，抚慰个人的内心世界。如果社会生活中没有这种调理人类精神活动的文化设置，社区传统将难以为继，人的心灵世界也许会变得疑影重重。丰富多元、历史悠久的七月十五，由此对于国民的宗教观、生命观有着极为深厚的影响，也是理解中华传统文化的一个重要窗口。

香港牛头角七月半盂兰盆会午贡仪式（**徐天基摄**）

贵州安顺，准备放入河中的龙形河灯（**汪清梅摄**）

古尔邦节：牺牲奉献

古尔邦节是全世界穆斯林的共同节日。在中国，有回族、维吾尔族、哈萨克族、乌孜别克族、塔吉克族、塔塔尔族、柯尔克孜族、撒拉族、东乡族、保安族等10个信仰伊斯兰教的民族。由于各民族的历史文化背景、生活地域不同和信仰伊斯兰教有一定的先后，所以古尔邦节在这些民族中既有共性，又有差异。

“古尔邦”是阿拉伯语的音译，有牺牲、献身之意，因此古尔邦节又称为宰牲节、献牲节。古尔邦节的时间是在伊斯兰教历的12月10日。伊斯兰教使用的历法，分太阳历和太阴历。太阳历用于农耕，一年365天或者366天，与公历基本相同。太阴历用于宗教，一年354天或者355天，跟四季的轮回总相差十来天。根据《古兰经》，古尔邦节的时间恰是穆罕默德朝觐期的最后一天，因此古尔邦节有纪念朝觐完成的意义。古尔邦节源于《古兰经》中记载的一个传说。据说真主为了考验先知易卜拉欣的忠诚，夜里降梦给易卜拉欣，命他宰杀自己儿子伊斯玛仪来献祭。伊斯玛仪是易卜拉欣50岁才得的儿子，非常珍视和宠爱。在得到真主的命令后，易卜拉欣痛苦万分。伊斯玛仪知道后，安慰父亲，以无比的孝心让父亲遵从真主的指示杀他献祭。正当易卜拉欣准备用刀子割断伊斯玛仪的

青海省同仁县隆务镇的清真寺
（王学文摄）

为节日准备的食品（**王学文摄**）

用于献牲的羊（**王建民摄**）

喉管时，真主派天使用一只羊替代了伊斯玛仪。《古兰经》写道："易卜拉欣啊！你确已证实那个梦了。我必要这样报酬行善的人们。"为了纪念这一事件和感谢真主，穆斯林将宰牲列为朝觐功课礼仪之一。教法规定：凡经济条件允许的穆斯林，每年都要奉行宰牲礼仪。宰牲与朝觐同义，目的为求接近真主。于是后来过古尔邦节时，穆斯林都要宰杀一只羊以示纪念。古尔邦节从此就有了深刻的牺牲献祭的意味。

整个穆斯林社会在古尔邦节前就要开始紧张的准备工作。清真寺的主持开始宣讲古尔邦节的由来、仪式过程和意义，明确教民在节日期间应尽的义务。教民们在节日前要检视自己的言行，购买和精心喂养用来献牲的羊。所献牲的羊，不能是羊羔，不能是眼瞎、腿瘸等有缺陷的。家庭主妇要为家庭成员购置新衣，清扫房屋，准备油馓子、馕等节日食品。总之，教民都竭尽所能地要过好古尔邦节，准备盛情款待客人。他们认为"有客人的家像巴扎（集市），没有客人的家像麻扎（墓地）"，古尔邦节时家里高朋满座、顺顺利利，将为这个家庭带来好的声誉。

古尔邦节的节日内容主要集中在伊斯兰教历的 12 月 10 日至 12 日三天里进行。第一天的凌晨首先举行拜墓仪式。拜墓仪式以家庭为单位进行。人们来到亲友的墓前，跪坐在礼拜毯上，由长者诵读《古兰经》，然后向坟头撒水、撒麦粒。在新疆喀什，一些穆斯林妇女在拜墓时还会吟唱起挽歌，如泣如诉，表达对亡人的追念。

伊玛目阿洪，今天不是古尔邦节吗？
你不是还要给女儿买新衣服吗？
因为有你我们什么都不惧怕，
现在我们变成无依无靠的弃儿了吗？[11]

拜墓后是会礼。会礼在清真寺中举行。按照《古兰经》的规定，年满12岁的男子都必须到清真寺做礼拜。在一些地区，女性不能进入清真寺。所以会礼仪式是以男性穆斯林为主的。会礼前首先要进行净礼。净礼一般指净身，用水洗去身体的污秽，在进行每一动作时要默念一定内容的祷词或赞词。净礼有大净、小净之分，大净是自上而下冲洗全身，称为浴；小净是依次洗手、漱口，洗鼻孔、洗脸、洗前臂至肘，用湿手掌抹头并用拇指和食指抹耳、冲洗双足，称为沐。意在通过这一净身的仪式，而达致净心，促使内心信仰的端正、心地的纯真。凡是参加会礼的人在起床后都要进行大净。净礼后的穆斯林在听到清真寺召唤信徒礼拜的宣礼声后，一边诵读着“真主伟大”，一边成群结队地涌向清真寺。

会礼要在太阳升起后到中午前的时间段里举行。人们脱掉鞋子，有序地站在礼拜毯上，虔诚地、静静地等候礼拜的开始。会礼由清真寺的阿訇主持。在阿訇的引导下，成千上万的人们口诵“真主伟大”，

浙江义乌，两位外商开心地选购一头山羊，准备宰杀聚餐，庆祝古尔邦节。

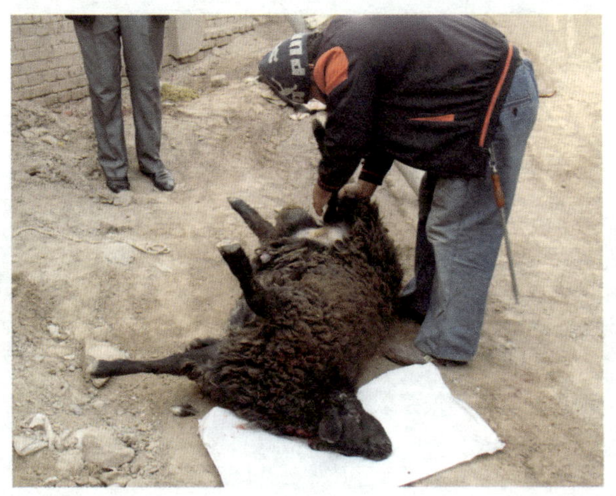

杀牲献祭（**王建民摄**）

喀什艾提尕尔清真寺前会礼的场面
（王建民摄）

新疆莎车，穆斯林群众在阿曼尼沙汗广场阿勒屯清真寺前做礼拜，欢度古尔邦节。

并念诵《古兰经》的有关章节：

一切赞颂全归真主，全世界的主，
至仁至慈的真主，报应日的主。
我们只崇拜你，只求你佑助，
求你引导我们上正路。
你所佑助的路，
不是受谴怒者的路，
也不是迷误者的路。[12]

北京穆斯林信众在牛街清真寺内做礼拜。

庄严的经文和教诲经由扩音器传遍清真寺内外，数以万计的人们沉浸在对真主的感激和喜悦之中，人们得到了精神的洗礼和升华。礼拜一结束，庄严肃穆的人们开始相互握手庆贺节日，并有序地离开清真寺，民间开始欢度古尔邦节。在新疆喀什艾提尕尔清真寺前的广场上，纳格拉鼓和唢呐齐鸣，人们开始跳起萨玛舞。接下来的两天里，亲朋好友开始聚会拜访。宰牲献祭也在这期间进行，因为根据《古兰经》规定，只有在这三天里宰牲才具有献祭的神圣意义。

不同民族在过古尔邦节时，在清真寺中所进行的仪式是基本相同的，不同之处更多地体现在会礼后民间的庆祝上。甘肃、宁夏、青海的回族民众在古尔邦节会礼结束后会唱起欢快的“花儿”。哈萨克族过古尔邦节时还要举行赛马、叼羊、摔跤等传统娱乐活动。

河南滑县，道口古庙会上的社火表演。

世俗的狂欢

中国节日，不只有稍显沉重的神圣庄严和无所不在的规约禁忌，同样有超越常规的、非常态的狂欢存在。在年度生产结束之际，人们需要通过欢歌、宴饮来庆祝丰收、放松身心；在年度生产即将开始之际，人们同样需要聚会狂欢，以振奋精神、凝聚气力，从而更加从容地应对即将到来的劳作。当然，这种狂欢不是简单的身体或精神的随意放纵。在哪里狂欢？在什么时候可以狂欢？谁能够参与狂欢？如何去狂欢？在中国人的节日文化中，对于狂欢的时间、空间、人员、内容及限度都有着清晰的界定。因此，这里所说的狂欢是一种被允许的、有限度的狂欢。这种节日的狂欢，为平淡的日子增添色彩，让人们获得戏谑、颠覆、冲破结构与秩序的快感；以夸张的模仿或表演再现、传递和强化人伦秩序，实现身心的愉悦和满足。

社火：欢天喜地

中国民众在节日中狂欢的方式有很多，但社火无疑是最为引人注目的狂欢方式。简言之，社火是指中国乡土社会节日庆典当中的民间文艺表演活动，是与节日流布地域的宗教信仰、民间组织紧密联系在一起的，通常有着娱神与自娱的双重作用。社火作为在城乡各地节日期间由村落基层组织展演的一种群众娱乐活动，在中国不同地区有不同的名称，如“闹红火”、“花灯”、“秧歌”、“故事”等。作为一种传统的仪式性表演艺术，它的产生与中国古代社会的祭祀社神的社日有紧密的关系，与驱鬼逐疫的傩仪傩戏有关，还与春节、元宵节期间进行的迎春纳福活动有关。[13]

社火中跑旱船（**王学文摄**）

贵州安顺花灯戏（**王学文摄**）

社火在中国的分布非常广泛。节日期间，特别是春节期间，不论东西南北，人们都会兴高采烈地闹社火，但尤以河南、河北、陕西、山西、甘肃、青海等省区的社火最有代表性。俗语说“过年要快乐，唱戏耍社火”。社火已然成为当地一种标志性的文化存在，成为民众对节日的一种向往。这里仅举三个例子以飨读者。

河南省灵宝县阳平乡的节日社火称为“骂社火”。骂社火从正月初二开始，正月十六下午结束，晚上就不再骂了。骂社火多以村为单位，从村民中挑选口齿清楚、声音洪亮、能说会道的数十名村民组成骂阵，俗称“后场子”，然后敲锣打鼓，点响土炮，到对方村庄去挑骂。骂社火的队伍非常壮观。队首有开路先行官，带有“令箭”；接着是炮铳队，边走边鸣铳，惊天动地；继之是吹号的、鸣锣开道的、打灯笼的、打花鼓的、打彩旗的，等等。队伍中最核心的是数十个反穿皮袄，脸上涂上颜色，使人看不清其真面目的“骂手”。队伍边行边舞边骂，气氛热烈。虽然是骂，但骂虚不骂实，骂赌博、骂陋习、骂懒惰、骂不孝不敬、骂对方村干部不作为等，如“东村七个队，为耍社火开了会，有的往前拉，有的往后退，七嘴八舌不配对，真真一村窝囊废”，以此讽刺对方村子不团结。骂家反穿皮袄，表示自己是畜生野兽，不是人，骂什么都不能见怪。听家只能是洗耳恭听，绝不还口。骂中贯穿着斗文、斗武、斗巧、斗富、斗丑。被骂到的人呵呵笑，被骂得越狠越欢喜。“骂社火”虽然看似荒诞，但这大俗大丑中有着大智慧，发挥着大作用。通过这种公开的、表演性的夸张的骂，能起到有则改之、无则加勉的作用，使骂者和听者互相批评，互相警示，互相监督。忠、孝、仁、义等社会伦理纲常在这种骂社火中得以强调和重建。

“捉黄鬼”是河北省武安市固义村在春节期间上演的一种隆重的仪式表演。固义村位于河北南部，

河北武安“捉黄鬼”的热闹场面（**王学文摄**）

华北平原与太行山脉交接地带的南洺河古河道上。村内有观音堂、关帝庙、火神庙等多个庙宇，同时还保存有东阁、西阁、南阁等三座过街阁楼。“捉黄鬼”在当地也称为“大抽肠”或“跑鬼”，是一整套围绕着“捉黄鬼”进行的仪式活动演出。“捉黄鬼”的最主要角色有大鬼、二鬼、跳鬼和黄鬼。四鬼本是兄弟关系，只因为老四黄鬼不孝顺，死后成为坏鬼，所以仪式表演的核心是捉拿黄鬼、破肚抽肠。按传统规定，“捉黄鬼”仪式是“一办办三年，一停停三年”，即如果决定举办则必须连办三年，如果某年因故未能举办，则需要连停三年。仪式一般从正月十二“奉神戏”开始，直到正月十七结束，连续演出六七天。“捉黄鬼”仪式主要包括祭祀和社戏表演两个部分。其中祭祀又可分为请神、祭祀、送神等多个环节；社戏表演主要包括“队戏”表演和在戏台子上进行的赛戏表演，这其中还穿插着村民丰富多彩的花会节目。仪式中的角色不是随意安排的，而是几百年来父子相传至今。在“捉黄鬼”仪式活动期间，固义村民全体参与，既是演员又是观众，共同演绎这一蔚为壮观的仪式戏剧。“崇孝扬善”是固义村“捉黄鬼”仪式活动的重要理念。它用一种恐怖的表演来告诉人们：当子女的要孝顺父母，不然死了都得变成坏鬼，要受惩罚。可以说，“捉黄鬼”仪式是固义村村民重视“孝道”精神的一次集中展演。当然，在整个仪式活动中，“捉黄鬼”只是其中一个最关键环节。同时，还有戴上面具表演的赛戏，以及各种节目演出，这些共同构成了声势浩大的一场涤荡心灵的盛宴。从正月十二“奉神戏”开始，所有的村民都开始进入一种神圣的宗教空间，在这里，他们想象出一个舞台，每一个人都在这个舞台上参与展演；到正月十五日上午“捉鬼”，仪式达到高潮，这时候人们完全进入一种狂欢的状态，他们尽情地欢笑，仿佛忘记了日常生活中的种种不快。村民们通过展演“捉黄鬼”仪式来奉献神祇，以期能够降福免灾，保佑百姓。同时，也通过这种形式将“崇孝扬善”的理念输送到孩子们的头脑中。在这场艺术盛宴中，

等待上场的“赛戏”演员（**王学文摄**）

赛戏（**王学文摄**）

村民们的心灵得到救赎。尤其是那些参与主要角色演出的村民，他们因为参与了为神演出的角色，而从心灵上得到了更多的宽慰，从而更加积极地面对生活。

秧歌是社火中非常重要的一个类型，“伞头秧歌”则是其中的代表。伞头秧歌流传于山西吕梁山区，尤以临县的最富特色。所谓“伞头”，是指秧歌队中手执花伞的表演者，他是领舞者，在秧歌队中占有重要地位。临县伞头秧歌是一种露天表演的大型民间歌舞艺术。一支秧歌队，人数不等，多者二三百人，少则七八十人。前面有门旗、彩旗和鼓乐队开路，中间有架鼓子，有《卖水》、《卖菜》、《十对花》、《二人台》、《小放牛》、《刘三推车》等称为“小会子”的民间表演，还有旱船、竹马、高跷等各种表演，最后有龙舞、狮子舞收尾。所有参加表演者统一在伞头带领下，踩着锣鼓唢呐的音乐节奏，翩翩起舞，自由发挥，尽情舞蹈。远远望去，犹如一条欢腾的彩色巨龙。临县伞头秧歌与古代的祭仪有莫大的关系，时至今日，在秧歌队出场的第一天，还要在伞头的带领下朝拜“田神”、“风神”、“雨神”、“河神”，并由伞头编唱祭歌，以祈求神灵保佑全年风调雨顺、五谷丰登。临县伞头秧歌分为“过街”、“掏场子”和“小会子”三种活动形式。“过街”，是秧歌队边走边在街头表演的一种形式。过街时，除有锣鼓打击乐伴奏外，间有唢呐吹奏曲牌。当秧歌队进入广场或院落表演时，首先要“掏场子”，也叫“踩牌子”、“摆场”。这时唢呐吹奏音乐曲牌，由伞头率众起舞，踩出一定的场图，如“十二连城”、“十字梅花”、“一字长蛇阵”、“小唐王乱点兵”、“九莲灯”等。唱秧歌主要是伞头的事。伞头肩负着指挥全局、调动情绪、编排节目、评论演出，以及代表秧歌队与外界交往、答谢、祝贺等一系列职责，而这一切都得通过唱秧歌来进行。伞头唱秧歌必须是依照当时当地的情景即兴编唱，走哪唱哪，见啥唱啥。一个好伞头在正月里要编唱数百上千首秧歌。

山西吕梁，秧歌队为群众表演，欢度元宵节。

泼水节：浴佛娱人

现在，人们谈起泼水节，首先想到的就是傣族泼水节，其实在中国除傣族外，还有多个民族过泼水节。准确地说，泼水节是傣族、德昂族、布朗族等傣语支民族共同的节日，这些民族大多信仰南传上座部佛教（南传上座部佛教是由缅甸、泰国传入的，与汉传佛教、藏传佛教并列的中国佛教三大派之一）。泼水节的时间一般在傣历的6月，对应公历的4月中旬。根据傣族历法，6月是一年的开始，因此在西双版纳傣族聚居区，泼水节还有着辞旧迎新的年节意义。

傣族人的佛寺（**王学文摄**）

别具特色的傣族菜（**王学文摄**）

德宏傣族泼水节时在寺庙前搭建的龙亭（**王学文摄**）

泼水节，又称为浴佛节、佛诞节或浇花节。这些不同的名称与各个族群不同的历史文化传统有关。泼水节的由来与南传上座部佛教，即小乘佛教信仰有着紧密的关系。按佛教的说法，泼水节是纪念佛教创始人释迦牟尼的节日，根据佛祖诞生时龙喷香雨浴佛身的传说，每到这一节日，一般要举行法会，以香水洗佛身，拜佛念经并相互泼水祝福，从而洗涤罪过，祈求安康。但在民间，关于泼水节的由来则有更为生动的解释。西双版纳的傣族民众有一则传说：远古的时候，有个魔王作恶多端，以致民不聊生。人们恨透了他，但却没有办法把他杀死。后来，魔王抢了七个姑娘去做妻子。其中最小的七姑娘非常聪明，从魔王口中得知他的致命弱点，即用魔王的头发勒其脖子就能将他置于死地。于是七姑娘趁魔王熟睡时，拔下他的头发将魔王勒死。结果魔王的头一掉在地上，地上就燃起大火。为了避免大火燃烧，七姑娘就和六个姐姐每年轮流抱住魔王的头。每年换人的时候，人们都给抱头的姑娘泼水，冲去她身上的血污，洗去她一年的疲劳，为新的一年能消灾除难而祈祷。从此，就形成了送旧迎新的泼水节。宗教的解释和民间的传说其实是古人对生活实践给予的一种合理化的阐释。泼水节正值傣语支各民族农业春播的关键时刻，雨季的早与迟、雨量的多与少直接关系到人们的生活，于是人们通过这种崇敬的浴佛和欢乐的泼水来祈求风调雨顺。

泼水节一般要过三四天。这几天里，村村寨寨都沉浸在欢乐之中。在云南德宏州，各村寨的寺庙旁边都有水源。泼水节期间，各村寨会在寺庙前的广场上摆放一条木龙。龙身上有一条水槽通到龙口，往龙身上倒的水可以从龙口中四散喷出。人们将小的佛像从寺庙中请出，放置在龙口喷水处。然后男女老幼拎着小水桶从水源处接水，然后倒入龙身，继而浴佛。这是泼水节期间每天必须进行的仪式。浴佛后，人们才会互相泼水。老人会用树枝或用手沾水轻洒于年轻人的肩膀，以示祝福。青年男女则会互相泼水嬉戏，一时间傣族村寨成为欢乐的海洋。在泼水节期间，傣族各个年龄群体还会准备各种文艺节目为人

泼水狂欢

2011 年 4 月 9 日至 10 日，经历过地震灾害的云南盈江举行傣族、德昂族传统的泼水节，人们相互致以最真诚的祝福，希望洗去地震灾害带来的痛苦和恐惧，并共同祈求来年风调雨顺、吉祥平安。

手拿新式水枪的孩子（**王学文摄**）

聚餐（**王学文摄**）

们表演。届时人们还会摆上几十上百桌的酒菜，邀请亲朋好友欢聚一堂。西双版纳的泼水节又是另一番风情。节日的第一天相当于农历的除夕，最后一天是岁首。节日清晨，傣族男女老少穿上节日盛装，挑着清水，先到佛寺浴佛，然后就开始互相泼水，互祝吉祥、幸福、健康。人们一边翩翩起舞，一边呼喊“水！水！水！”，鼓锣之声响彻云霄。人们还会聚集到澜沧江边观看龙船比赛，在广场上玩丢包游戏，晚上还会放“孔明灯”。

在发展旅游的推动下，泼水节已经为世人所熟知。每到节日期间，成千上万人会涌到傣乡参加泼水节。同时，城市化的影响也使泼水节的形式发生了很大的变化。泼水节时，在城市里，一辆辆装满水的皮卡车在道路上行进，边走边泼。除了一般的水桶外，很多的青年人和儿童还手拿水枪参与到“战斗”中来。人们虽然互不相识，但却以水为媒，嬉闹欢笑。你泼我一桶，我泼你一桶，无处躲藏，不一会儿就会让人全身湿透。

火把节：激情燃烧

对火的认知和使用推动了人类从蛮荒时代走向文明时代。在中国各民族中都有着关于火的丰富民俗传统。火代表着光明，为人类点亮黑暗的夜空；火代表着温暖，为人类驱离寒冷；火代表着成熟，让人类摆脱生的世界；火代表着家庭，灶堂和火塘曾是房子里最为神圣的空间。同时，火在很多文化中还有毁灭、惩罚的意义。因此，很多民族的文化中将火神化，火成为沟通人与神的媒介；甚至直接拟人化地创造出火神，掌管人类火的使用。火把节就与人们对火的信仰有关。

火把节里的火把（**曲比阿果摄**）

云南巍山彝族树火把（**李彦萍摄**）

云南花腰彝点火把（**张进发摄**）

火把节是彝族、白族、纳西族、基诺族、拉祜族等彝语支民族共同的节日。在这些彝语支民族中，有着深厚的关于火的信仰，人们以火熏田除祟、逐疫去灾、灭虫保苗、催苗出穗、祈求丰年、招引光明、迎接福瑞。在彝族关于火把节由来的众多传说中，有一个重要的情节被不断地提及。相传远古的时候，天神向大地撒下害虫，为了救灾，人们决定用火来灭虫，于是每家每户点起火把，日夜不停地到庄稼地里去捕烧害虫。经过艰苦奋战，人类最终灭掉了害虫，取得庄稼的丰收。为了庆贺胜利，每年的农历六月，人们就点起火把来游行。当然，在很多的关于火把节由来的逸闻中，还加入了弘扬传统道德观念、赞扬善良勇敢女性人物的元素。但总体而言，其核心还是与对火的崇拜有关。

不同民族的火把节的时间有一定的差异。彝族、纳西族、基诺族在农历六月二十四举行，白族在六月二十五举行，拉祜族在六月二十举行。彝族火把节一般为期三天。第一天的活动是祭祀和祈祷。这一天，每一个彝族家庭要对房屋进行除秽。房屋除秽后，还要对早就准备好的、用于火把节期间祭祀的鸡、羊、猪等进行除秽。在云南省宁蒗县，彝族女主人要带着母鸡到荞麦地里祭五谷神。在这些仪式完毕后，家家户户开始宰牛杀羊，摆好宴席，分享美酒和食物。夜幕降临后，彝族的神职人员毕摩诵经祭火，然后大人小孩都会从毕摩手里接过用蒿草扎成的火把，唱着火把歌，游走于田边地角。火把节第二天要进

纳西族火把节歌舞（**和金光摄**）

云南宁蒗彝族火把节期间斗羊（**肖常鸽摄**）

行传火，家家户户都聚集在一起举行赛马、摔跤、唱歌、斗牛、斗羊、斗鸡等传统节日活动。火把节第三天是送火，这也是火把节的最高潮。在四川凉山，夜幕一降临，人人都会手持火把，在村寨、街道上竞相奔走。火光点点，呐喊声响彻云霄。最后，人们将手中的火把聚在一起，形成一堆堆巨大的篝火。人们围着篝火歌唱、舞蹈，场面极其壮观。彝族人认为“星星是天上的灯，火把是彝家的灯”，“风把白石吹拢，弓把羊毛弹拢，火把使亲人聚拢”。在火把节的狂欢中，人们增进了了解，家庭更加凝聚，家族更加团结，社会更加和谐。

白族火把节前夕，全村要同竖一根高约一二十米的大火把。火把用山上砍下来的松树制作而成，费用由当年生小孩的人家负担。松树上还要捆上麦秸，挂上用纸篾扎成的升斗。每个升斗四周还有写着“国泰民安”、“风调雨顺”、“人寿年丰”等吉祥语的小纸旗，下面还会挂花炮、灯具等。节日当天中午，各家各户带上小火把、纸钱、香烛、供品，到祖坟前扫墓、祭奠。夜幕降临后，全村男女老少会聚到大火把周围。村中老人领头献祭品，向大火把叩头。小伙子们会攀上高竖的大火把，用各家各户的小火把将大火把点燃，然后鞭炮、鼓乐齐鸣。当火把上悬挂升斗的竹竿被烧断时，人们争相抢夺凌空飞下的升斗，抢到者被视为有福之人。白族火把节的高潮是耍火把。男女青年各持火把游走在田间地头，相遇后，会竞相会从挎包里抓出一把松香粉往对方火把上撒。每撒一把，就会闪出耀眼的火光，发出“轰”的一响，场面欢乐喜庆。

火把节里的“朵洛荷”（彝族民间舞蹈）（**曲比阿果摄**）

火把节，作为彝语支民族特别是彝族的重要节日，已经成为这些民族的标志性的文化。虽然在这些族群的社会生活中依然部分地沿袭传统的节庆方式，但在现代化、城市化和全球化的影响下，地方化、族群化的火把节经过包装，已然被引入发展旅游、保护文化遗产和现代传媒的语境中。四川凉山州自1994年开始举办“国际火把节”，每3年举办一届。这个节庆吸引了海内外众多游客，使火把节闻名遐迩，被誉为“中国的狂欢节”。2006年，经国务院批准，火把节列入第一批国家级非物质文化遗产名录。四川“凉山彝族火把节”还荣获中国十大民俗节的称号。2008年8月，美国海外中华少数民族联合会还举行首届“火把节”，把中国彝族的这个传统节日介绍到洛杉矶，历时三天三夜，也分为“祭火”、“传火”、“送火”三个阶段。

经过多年经营，政府和旅游产业已经将火把节变成一个节庆型旅游产品。虽然依然有燃烧的火把，依然有欢宴，但掺杂了太多的贸易洽谈、旅游观光。作为旅游产品的“火把节”已经与彝族传统意义上的火把节有了很大的区别。

生产的节律

节日是时间的文化，特别是生产时间的文化。如果把每一个节日的时间都排到一张日历表上的话，你就会发现，绝大部分节日都是在社会的闲暇时间。生产性的节日自不必说，宗教性节日也多是如此。在春种、夏忙、秋收、冬藏的每一个起始点、间歇处，都有着丰富多彩的节日设置，或让人提起精神准备劳作，或让人祈祷期盼、寄托祝福，或让人放松心情、享受成果。总之，让人的身体和精神始终处于这一张一弛的人文脉络中。如此安排的道理很简单，只有在人们有闲的时刻，才可能有更多的精力来过节。这种巧妙的节奏和休养生息的安排，也恰是节日的魅力所在。

二月二：春龙抬头

在中国的很多地方，二月二被认为是年的一个尾巴。过了二月二，整个年节才算结束。告别春节的非常时态，而回到正常的生产时态，新一年的农事活动就正式开始了。

二月二的由来，最初与农耕生活中人们对大自然的观察有关。最晚在西周（前1046—前771）时代，人们就已用二十八宿来表示日月星辰在天空的位置，以此判断季节，提醒农时。二十八宿中的角、亢、氐、房、心、尾、箕七宿组成一个完整的龙形星座，其中角宿恰似龙之双角。二月二这天夜晚，"龙"的两只"犄角"恰好从东方地平线上慢慢升起，故称"龙抬头"。而此时正值二十四节气的惊蛰前后。"惊蛰地气通"，随着土地解冻，冬眠的昆虫、动物日渐活跃。龙是百虫之长，"龙抬头"就成为一种象征，龙在二月二中的特殊地位就奠定了。

二月二是一个复合的节日，自古及今，它集合了仲春二月的惊蛰节、春社日、龙头节、中和节、花朝节和社日节等节俗。后来这些节日逐渐消退，最终融合在二月二的节俗中。

山东惠民二月二售卖的葫芦（张士闪摄）

各地二月二的习俗内容十分丰富，按其性质可以分为活动和禁忌两大类。活动主要有祭龙、撒灰、击房梁、熏虫、汲水、理发、儿童佩戴小龙尾、儿童开笔取兆、迎女归宁、食猪头等，禁忌主要有停女工、清晨忌挑水等。华北大部分地区曾有过二月二理发的讲究，俗称“剃龙头”，有以龙自喻的意思。二月二期间的许多节俗活动，的确寄寓了民众与龙有关的许多朴素意识。在民间信仰中，并非千龙一面，有的龙善良，富于献身精神，有的龙调皮，有的龙懒惰，还有的龙凶恶。在二月二期间，对这主管雨水的神灵，人们或者崇拜有加，以香烛供品进行祭祀；或者设下种种禁忌，避免惹其不高兴。对于懒龙、恶龙就不客气了，会用敲击梁头、吃炒豆（崩龙眼）、吃面（吃龙须）、吃饺子（吃龙耳）、吃面饼（扯龙鳞）等方式刺激一下。这些做法的目的只有一个，就是让它兴云布雨，令风调雨顺、五谷丰登，千万不能耽误农时。

二月二的食俗，多与龙勾连在一起。老北京人讲究“吃龙鳞”，摊好春饼，搭配上用瘦肉丝与菠菜、豆芽菜、蒜黄等炒制而成的“合菜”，再抹上甜面酱，配上大葱，卷成筒状而食，有滋有味。北方一些地区，在这天吃面条的偏要说是“吃龙须”、“挑龙头”，吃煎饼的叫“食龙皮”，吃水饺的则说“吃龙耳”、“吃龙角”、“按龙眼”、“吃龙牙”等。吉林人特别会过日子，将年末所食肥猪之头、蹄留至二月二，专为体验“二月二，龙抬头，天上下雨地下流，家家户户吃龙头”的美好感觉。山东人以节俭闻名，爱说“过了二月二，再没有那碗糕了”。“二月二那碗糕”，是乡民口中一个特别机会的代名词。旧时农民的生活，平日和年节反差很大，到了年节终了的二月二，人们恋恋不舍，找寻理由享受这最后的“奢侈”。

二月二北京黑龙关庙会上的花会**（徐天基摄）**

浙江武义县柳城畲族镇云溪村二月二举行迎龙灯、划龙船等传统民俗文化活动

广西融水苗族自治县洞头乡举行的传统“二月二”活动中，几位苗家汉子在吹芦笙。

在山东各地，“打囤”曾经是最流行的二月二节俗活动。打囤又称“打灰囤”、“围仓”、“画仓”、“填仓”等。人们在二月二一大早就起身，用簸箕盛上草木灰，握一根木棒边走边敲簸箕沿，让灰慢慢落下，灰线拼成仓囤样图案，然后在灰囤外洒成梯形，再在囤里投放五谷杂粮少许，预兆囤高粮满、丰年在望。看着大爷大娘们念叨着“二月二，龙抬头，大仓满，小仓流”的谣谚悠然自得地打囤，就知道亲手操作仪式是何等愉快的事。这其中，既寄托了人们对于风调雨顺、五谷丰登的强烈愿望，又具有把握幸福、品味生活的一种艺术美感。

甘肃岷县二月二花儿山场（**戚晓萍摄**）

二月二是在农耕社会中定型、成熟的节日，很难与现代社会相对接。它和一些传统节日一样，在讲究时间分割、节奏快捷、提供服务和接受服务界限分明的现代化潮流中已然处于绝对劣势，是一个与中国人渐行渐远的节日。

那达慕：草原欢聚

天苍苍，野茫茫，风吹草低见牛羊。

蒙古族生活在广袤无垠的大草原上。他们以马背为摇篮，逐水草而居，创造出灿烂的游牧文化。有别于农耕文化，游牧文化更加重视物候的轮换，以草原的黄绿和青草的长势来判定在某一地停留的时间。古代蒙古族的时间观念是按照游牧生产和生活的特性来界定的，即“正月为白月，二月为水草月，三月为乳牛月，四月为青翠月，五月为打猎月，六月为日光月，七月为红色月，八月为完全月，九月为今羊月，十月为杀牲月，十一月为吃食月，十二月为蔚蓝月”。[14] 因此，牧民们春季为了寻找足够的牧草，

呼伦贝尔草原（**王彦摄**）

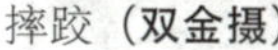
摔跤（双金摄）

搏克手在切磋技艺（双金摄）

多在迁徙的路上度过；夏季水草丰裕，牧民们的时间相对闲暇；秋季又要迁徙、储草；冬季对牲畜实行圈养，所以牧民的居住地相对固定和集中。这种游牧生产的移动性、分散性，使得人们相聚的机会非常少。伴随着这种生产的节奏，就逐渐形成、发展出了有着节庆文化特征的那达慕。

那达慕多在草原水草丰美、牧人闲暇的夏季举行，但其具体的日期、主题、规模、形式、举办者和参加者都没有特定的规制。历史上，那达慕只是指被称为蒙古族“男儿三艺”的摔跤、赛马、射箭的竞技活动，而蒙古族生活中的所有聚会和庆祝一般称为“耐亦日”。直接称“那达慕”，是 20 世纪 40 年代以后的事情。之所以有此转变，与蒙古族的游牧传统和现代节庆文化的发展有着紧密的联系。摔跤竞技在《蒙古秘史》中就有记载。摔跤不仅是蒙古各部落间聚会时的一种娱乐方式，更是展现男性力量、部落权威的一种手段。力大无穷、骁勇善战对于蒙古男儿来说是一种至高的荣誉。马是蒙古民族文化中的核心，马既是神，又是亲人、伙伴和朋友。在蒙古族的游牧文化中，有一整套的敬马、爱马、驯马、驭马的文化。而射箭同样如此。蒙古族早在幼童时就会进行射箭的训练。摔跤、赛马、射箭早已成为蒙古人游牧生产和生活中的基本生存技能，有着深远的传统和广泛的基础。因此，在蒙古族的各种聚会和庆典中，都少不了这三项竞技活动。

那达慕与蒙古族的敖包祭祀传统也有紧密的联系。蒙古族虽然信奉藏传佛教，但其深厚的自然崇拜一直绵延至今，敖包祭祀就是鲜明的例子。蒙古族为了祈盼风调雨顺、水草丰美、身体康健、牲畜繁衍，

乌珠穆沁那达慕上的套马手们（**双金摄**）

呼仑贝尔布里亚特苏木冬季那达慕（**敖其摄**）

会在高地、山口、交叉路口等处堆起土堆或石堆（称为“敖包”或“鄂博”），把它们作为守护神加以祭祀。敖包祭祀一般在春夏之交进行。敖包的类型很多，有将军敖包、儿童敖包、家庭敖包，祭祀的时间也不固定，祭祀的方式也有区别，但祭敖包时都会举行那达慕，进行摔跤、赛马、射箭的竞技活动。

因此概括地讲，那达慕是以摔跤、赛马、射箭为核心的，从蒙古族游牧生产、生活中发生、发展、演变而来的，多与蒙古族的聚会庆典、敖包信仰粘连在一起的节庆活动。[15]

那达慕最初是民间一种自发的、相对随意的活动。但随着蒙古族历史地位的确立、军事力量的强大，特别是元朝国家政权的建立，那达慕竞技、娱乐、集会、庆祝的功能越发丰富，并开始逐步定型。到了明清时期，那达慕逐步成为独立的民俗活动，出现在不同的集会中。这一时期的组办者多是宫廷、各级政府或者达官贵人，民间很少有人组办。这时候，那达慕也发展出物资交流、贸易的功能。随着新中国的建立和现代社会的发展，那达慕改变了作为敖包祭祀、聚会庆典依附的地位，逐渐变为主体，成为一个独立的节庆。同时，那达慕的内容也更加丰富，在保留了摔跤、赛马、射箭等核心的竞技内容外，还添加了很多现代节庆的元素。对外物资交流、进行商业贸易、发展草原文化旅游成为那达慕期间的一个重要内容。政府主办的那达慕规模越来越大，影响也越来越大，娱乐性、商业性不断加深。与此同时，个人或家庭举办的小型的那达慕也越来越多。

阿拉善盟阿右旗那达慕大会赛马（**敖其摄**）

那达慕这一节庆形式在蒙古族生活的广阔草原上均有分布。举行那达慕的时间一般在 5 月到 8 月，但具体哪天举办，传统上是由寺庙里的活佛通过推算和占卜确定的。那达慕的会期不定，一般为奇数，即 1 天、3 天、5 天不等。在确定了那达慕的时间后，组织者要向广大牧民发出消息，邀请马队、摔跤手参加比赛，召集牧民参加聚会。组织者要准备好各种奶制品和用于招待客人的牛羊，还要准备好用于发放的比赛奖品。现在政府主办的那达慕，会通过电视、广播发广告。

会期到来之前，一个个牧民家庭便扶老携幼，带着帐篷、毛毯和准备好的奶茶美酒，从遥远而分散的夏季牧场向那达慕举办地集中。过去，牧民是乘坐一种车轮大、车身小、适合草原出行的交通工具“勒勒车”，现在则是骑着摩托，开着越野车。到达后，便在会场周围支起帐篷，燃起炉灶，分享这节日的欢乐。家中如果有男子参加竞技的，很早就进行了准备。老人为孩子精心准备了摔跤的服装，心爱的马匹被打扮得英姿飒爽。

竞技活动开始时，更是人头攒动、欢呼雀跃。摔跤手入场时要跳摔跤舞步，模仿的是雄鹰飞翔的姿态。两位比赛者一交手便会互相抓握，然后施展不同的缠、挑、挂、压的技法，以赢得比赛。胜者跳跃三次，向观众致敬后离开。摔跤比赛的规则有很多，如不得触及眼睛和耳朵，不许拽头发，不能踢膝部以上任何部位等。赛马时，马的装饰和骑手的装饰各不相同。赛马前要举行一个煨桑的仪式：在香炉里放燃烧的松叶、柏枝等，穿戴整齐的骑手骑乘着打扮一新的赛马围绕着煨桑香炉顺时针转三圈，有祈求比赛顺利、平安而归的意思。参加完煨桑后，才会开始赛马。射箭比赛时，箭靶距离一般为 20 米左右。因为现在射箭在蒙古族日常生活中已经很少需要，掌握这一传统技能的人也越来越少了。每种比赛结束后都要颁奖，还会唱起古老的祝赞词盛赞获奖者：

> 他那飘飘欲舞的轻美长鬃，
> 好像闪闪发光的金伞随风旋转；
> 他那宽阔无比的胸膛，
> 好像滴满甘露的宝壶。[16]

那达慕还是多月未见的亲戚朋友难得的聚会时刻。草原上的牧民平日里居住分散，很少走动。那达慕为人们提供了一个亲戚朋友见面、聊天、联络感情的机会。这也是为什么那达慕对于蒙古族如此重要的原因所在。

开洋谢洋节：人海和谐

中国有长达 18000 多公里的海岸线，面临着渤海、黄海、东海、南海四大海域，有 400 多个常驻居民的岛屿，跨越了温带、亚热带和热带，海产资源极其丰富。很久以来，中国沿海的先民就发展出靠海吃海、以海为生的渔业生产方式。与肥沃的农田滋养了农耕文化、广袤的草场滋养了游牧文化一样，深远的大海也滋养出渔业文化。渔民开洋、谢洋节是渔业文化的代表，是古代渔业先民在向大海求生存、讨生活过程中形成的渔民节日。

开洋、谢洋节是一对节日，在北起渤海湾、南至南海这漫长的沿海一线都有流布。开洋节是渔船出海时，渔民为祈求平安和丰收所举行的祭祀仪礼和一系列民俗活动。谢洋节则是渔船出海平安归来，渔民为了感恩大海、庆祝丰收而举行的祭祀仪礼和一系列民俗活动。

渔民开洋、谢洋节，源起于祭海。清慵讷居士在《咫闻录》中写道："天下之大而莫测者，莫如海；而物之大而莫测者，莫如鱼。"相较于土地、牧场而言，海洋似乎更加深远、神秘和多变。以海为生的渔民在漫长的历史进程中，逐渐积累起一套极其丰富和完备的渔业生产知识体系，这其中既包括渔业生产的技能，还包括各地渔民畏海、敬海、乐海，与海洋共生的神灵信仰和习俗。在出海捕捞之前，渔民无法预知此行的命运，于是便要先向神灵献祭，一是希望大海恩赐，二则祈求出海平安和收获。在海上捕捞过程中，倘若遇到风险和灾害，除了奋力自救、抗御灾害之外，也会随时随地向神灵献祭，祈求神灵的援助。从海上归来，不管丰收与否，都还是要感谢神灵的。这种文化传统，与农耕社会的"春祈秋报"有异曲同工之处。

福建霞浦的海上人家

开洋、谢洋节是在近年推动非物质文化遗产保护过程中对这一类型的祭海节日的统称。在不同的历史时期，不同的地域和民族、人群中间，渔民祭海的习惯称呼、崇祀对象、祭祀方式以及节日庆典活动的具体内容都有许多差异。中国海岸线漫长，海域辽阔，自然条件差异很大，渔业生产的规律也有很大不同。比如，不同的鱼会有不同的洄游规律，各地也会因此形成不同的渔汛。不同海域的不同鱼汛在时间上也会有很大差异。因此，开洋、谢洋节的时间也不尽相同。但是，这些节日在内在结构和深层心理上是一致的，都是通过这种方式协调与海洋的关系、抚慰内心的需要。

开洋、谢洋节的时间主要选取每年渔汛开始的季节、渔船首次出海的时候，以及渔汛结束、渔船满载而归的时候，或是在当地渔民约定俗成的某个有特殊民俗意义的日子里。在山东沿海，渔民把“谷雨”这个节气当作渔汛的开始。当地渔民有“谷雨百鱼上岸”，“谷雨金，谷雨银，谷雨行船打鱼群”等谣谚，这时也会举行祭祀活动，开始出海打鱼。在浙江象山，春天黄鱼汛，开洋的时间是农历三月十五至二十三日之间；谢洋的时间是农历六月二十至二十三日。

开洋、谢洋节的节俗活动在各地也不同。在山东荣成开洋节是以“谷雨节”的形态呈现的，当地有“谷雨大如年”之说。每年谷雨节气，深海的鱼虾等便遵循季节洄游的规律纷纷涌至黄海近海水域。休息了一冬的渔民开始整网出海，一年一度的海上生产正式开始。为了祈求平安、预祝丰收，渔民出海之前都要举行隆重而盛大的仪式，虔诚地向海神献祭。在当地渔民的信仰体系中，以与海有关的神灵最为明显，

准备用于献祭的供品

整猪献祭

浙江岱山举行祭海谢洋大典，向世人传递“感恩海洋、人海和谐”的人文理念。

如东海龙王、海神娘娘等。节日前，渔民要为祭拜做充分的准备。每家每户都要蒸大饽饽，在饽饽上还会放上大红枣，蒸出的饽饽最好是绽开，寓意“开口笑”。有的家庭还会准备整猪或者猪头。这些用来献祭的猪头或整猪都被精心地打扮，头顶大红花，眉眼和嘴巴还会描成微笑的表情。在节日前一天到谷雨中午，人们就会陆续到庙中祭拜。一家一户抬着供品来到庙前，燃放鞭炮，祭拜磕头，锣鼓喧天，热闹非常。谷雨节下午，则是船长请船员吃饭的时间，这时要犒劳船员，大碗喝酒，大口吃肉。

浙江象山的开洋、谢洋节已经有千年的历史。开洋节时，通常在妈祖庙举行隆重祭典，参祭人员一律斋戒沐浴，庙内设祭台，船主一一参拜。仪礼毕，将神像抬出庙巡行，各种民族民间歌舞以及鱼灯、马灯、船鼓、台阁、车灯等纷纷表演。午后起，在庙中戏台演出，日夜连台，连演五至十天不等，称“出洋戏”。演戏前，还要“请”村中各庙的神像到妈祖庙“看戏”。庙会期间，村民宾朋盈门，盛情款待。渔民出海，必选良辰吉时，顺风顺水。扬帆出海时，鞭炮齐鸣，岸上亲人送行祝福，场面十分壮观。渔民满载、平安归来时，为感恩大海，同样要在村中神庙演戏，称“谢洋戏”，又称“还愿戏”，要连演七天七夜。

福建沿海渔民的献祭往往成为隆重的迎神赛会。在福建霞浦，农历三月二十三日天后诞辰的仪礼别具一格。渔民抬着神轿巡行至某处水中，要齐心协力将神轿在水面上抬起放下，达 36 次之多，俗称“阿婆走水”。据说这里面有着祈求神力保佑以“安澜”的象征意义。

渔民开洋、谢洋节对于过去沿海广大渔民的生活和精神都是至关重要的。开洋和谢洋在渔民中间形成一种时间的秩序，有着指导渔业生产的文化功能，协调着人与人、户与户、船与船、村与村之间的生活节奏。这一节日也在渔民中建立和强化了感恩海洋、敬畏自然的自然观和价值观。这种意识在因应当下现代化进程中一些地方出现的海洋资源枯竭、海洋污染严重等问题中更有其积极的意义。同时，这一节日还有着鲜明的文化认同功能，维持着渔民群体的内聚力。

澳门大三巴花灯（**谭雪霏摄**）

社会的维系

在琐细而紧张的准备过节和遵从于各种过节的习俗或禁忌之余，人们常会问：为什么要这么累地过节？在以物质价值为主要衡量标准的价值评估中，更有人提出过节耗费大量的物力财力，有浪费之嫌。这样的疑问和观点是再正常不过的。毕竟很多节日生发和传承的情境已经发生了很大的变化，而且现代社会的很多特征本就是反传统的。但是，没有无缘无故的节日。除了信仰上的原因、心理上的需要外，节日曾经在社会的运转和维系中发挥着重要的作用。虽然当下随着科学的昌明、社会的发展和交往沟通渠道的增多，很多节日所具有的社会功能已经逐渐被弱化，其节俗的形式和内容还没有很好地与现代社会相契合，但是就目前来看，人类社会显然还没有准备好进入一个没有节日的社会。透过一些节日表象来分析一个有节日社会的内在结构和发展历程，可能比讨论要不要过节更有意义。在这种揭示中，人们可以更深刻地理解节日之于社会的意义，也可能找到节日在现代社会中实现转型的力量所在。

中秋节：月圆团聚

“月到中秋分外明。”中秋节是中国秋季的传统大节，又称月亮节、团圆节。人们经过春日里的辛勤播种、炎炎夏日里的挥汗劳作，终于迎来了秋高气爽、丹桂飘香的收获季节，在忙碌、喜悦的收获过程中，也开始欢度团圆庆贺的中秋节。

江西省婺源县江湾镇汪口村中秋堆宝塔民俗（**王中云摄**）

苏州民俗博物馆食文化展厅“斋月宫”仪式。斋月宫是祭月活动的重要组成部分，又分为“请仙”、“喝仙茶”和“送仙”等仪式。（**戴敏利摄**）

中国古人很早就对月亮的运动有深刻的认识，并以弦、望、晦、朔来指称月的阴晴圆缺。弦月是半月，又分上弦月和下弦月，上弦月为农历每月初七、初八，下弦月为农历每月廿二、廿三。晦月为每月最后一日。朔月为每月月初，又称为新月。望月为农历每月十五，为满月、月圆之夜。中秋节在农历八月十五，正值三秋之中、满月之时。因此，中秋节的由来和节俗大多与月亮有关系。

在中国古人的认知世界里，月亮处于重要的地位。日月是中国阴阳哲学中的两极，也是中国历法体系的基础。月与日相对：日主阳，月主阴，在方位上属东西，在季节上属春秋。人们很早就有着祭月、拜月的传统。在今天的北京，还保留有明清时期祭月的重要场所——月坛。在古人的情感世界里，月亮更加唯美动人。人们用丰富的神话传说、大量的诗文和画卷建立起关于月亮的想象。人们传说月上有月宫，月宫中有偷吃不死仙药而化为月精的美丽寂寞的嫦娥，有因为学仙有错而被贬谪来的吴刚，还有蟾蜍、玉兔和一棵永远砍不倒的桂树。在文人的笔下，月亮高远清凉，月的阴晴圆缺被赋予人情冷暖、离愁别绪。唐朝李白的“举头望明月，低头思故乡”、宋朝（960—1279）苏轼的“明月几时有，把酒问青天”等诗篇脍炙人口。中秋节，就在这种关于月的信仰和认知中逐渐形成，到宋代成为一个重要的民俗节日。

中秋节有祭月、拜月、赏月、玩月等节俗，都是围绕着月来进行的。清朝时，北京人家过八月十五要在天井中摆上供桌，放置月光菩萨神位，供上瓜果和月饼，然后全家面向月出之方叩拜。在福建，有中秋夜“请月姑”的习俗，人们在月下设果饼膜拜，祈求幸福安康。在浙江湖州、台湾苗栗，有中秋“看月华”的赏月习俗。民间传说中秋夜的月亮会散发出五彩华光，名为“月华”，见者会有好运。人们为了见到月华，在中秋之时会在月下设案焚香，供饼果祭拜，进行“拜月华”，甚至彻夜不眠“守月华”。与祭月拜月的神圣性形成鲜明对照的，是人们赏月和玩月的世俗欢乐。广东佛山有秋色赛会的传统。在秋季农业丰收之时，民间举行庆祝丰收的游行，俗称“秋色赛会”或“秋色提灯会”，亦统称为“出秋色”，自明代（1368—1644）就有。各类表演艺术和手工艺术争相呈献，分成车色、马色、飘色、地色、水色、灯色，共六色之多；内容有灯笼、唢呐、耍龙灯、十番、踩高跷、舞狮子等。随着时代的进步，秋色的形式和内容也在不断发展，现代花车队和体育竞技表演也加入进来。过去在香港，中秋节时孩子们会用竹纸扎成兔仔灯、杨桃灯或正方形的灯，挂在高杆上，名为“树中秋”。人们会放天灯、观灯展。最引人注目的是铜锣湾大坑地区的舞火龙。每年从农历八月十四起举办，火龙长达 70 多米，龙身用珍珠草扎成 32 节，上面燃着数千炷长寿香，盛会之夜，欢腾起舞，热闹非凡。在中国的很多少数民族中，中秋节俗也很有特色。云南的德昂族青年男女有“串月亮”的习俗。每逢中秋月明的时候，男女青年在一起“串月亮”倾诉衷情，送槟榔、送茶订下婚约。湖南的侗族在中秋之夜还流行“偷月亮菜”的风俗。中秋之夜，侗家姑娘打着花伞，选择自己心爱青年的园圃去采摘瓜菜，而不会被人看成是“偷盗”。她们还要有意地高声叫喊：“喂！你的瓜菜被我扯走了，你到我家去吃油茶吧！”这也是侗族男女青年谈情说爱的一种方式。

中秋之夜月儿圆。中秋节的团圆主题就因此而来。中秋节的节令用品多与团圆这一主题有关。“八

香港大坑舞火龙

苏州山塘街古戏台赏月（**戴敏利摄**）

兔儿爷（肖坤冰摄）

月十五月儿圆，西瓜月饼供神前。”月饼与瓜果既是中秋祭月的主要供品，也是最常见的中秋食品。月饼在民间也称“团圆饼”。据说中秋节吃月饼的习俗始于唐朝，先在宫廷内流行，逐渐流传到民间，俗称“小饼”和“月团”。月饼呈圆形，寓意团圆美好。月饼的品种非常多，按产地分，有广式月饼、苏式月饼、京式月饼、滇式月饼等；就口味而言，有甜味、咸味、咸甜味、麻辣味；从馅心讲，有桂花月饼、五仁月饼、火腿月饼、蛋黄月饼等，近年还出现了冰淇淋月饼。过中秋节不能没有月饼。在生活水平不高的年代，母亲中秋节给儿女们分的一小块月饼曾是多少孩童的珍藏。中秋时节正逢大量鲜果上市，所以中秋祭月的供品和赏月的食品中有许多果品。上海人家要供四色鲜果，多为菱、藕、石榴、柿子等，寓意“前留后嗣”。北京上供必有切成莲花瓣形的西瓜，同时还有苹果、石榴、晚桃等。

在北京，中秋节还有一特殊的节日玩具——“兔儿爷”。所谓“兔儿爷”，是人们根据月宫里有嫦娥玉兔的说法，把兔子进一步艺术化、人格化乃至神化后，用泥巴塑造成的各种形象。关于“兔儿爷”的来历，民间有一传说：一年，北京城忽然起了大瘟疫。嫦娥看到此情景，心里十分难过，就派身边的玉兔去为百姓们治病。玉兔变成了一个少女，挨家挨户地治好了很多人。人们为了感谢玉兔，纷纷送东西给她，可玉兔什么也不要，只是向别人借衣服穿。为了能给更多的人治病，玉兔就骑上马、鹿或狮子、老虎，走遍了京城内外。消除了京城的瘟疫之后，玉兔就回到月宫中去了。于是，“兔儿爷，采百草，做良药，去病除灾保平安”的儿歌就在北京传唱开来。人们为了纪念玉兔，就用泥塑造了玉兔的形象。因为大家见到的玉兔的样子都不一样，所以捏的玉兔有骑鹿的，有乘凤的，有披挂着铠甲的，千姿百态，非常可爱。

中秋节的社会意义非常丰富。中秋之时，在外的游子有条件归家的都会回家团聚，出嫁的女儿也会回家团圆。一家人围坐在月下，一边赏月一边分享丰收的果实，话家常谈发展，这是普通中国家庭美好生活的一种写照。在这种团聚分享中，人们凝聚了亲情，也加强了中国传统的家族伦理观念。另外，很多传统的中秋节俗还有着祈婚求子的意义，如湖南湘潭一带中秋游宝塔的习俗和民间的“走月”习俗就有着求子的意蕴。而“摸秋”、“偷月亮菜”等风俗更是为男女交往提供了机会。另外，在清代，中秋节对于商业贸易来说，还是一个债务清偿的重要时刻。当下，很多祭月、拜月的习俗已经非常淡化，祈婚求子、债务清偿等意义也多不存在，但在都市化和快节奏的生活中，人们在中秋团聚，赏月游玩、放松身心的需求依然强烈，这也使得中秋节拥有了长久的生命力。

鼓藏节：以鼓之名

苗族分布在中国的西南地区，是一个分布广泛、支系众多的民族。不同区域和支系的苗族在语言、服饰等方面有着很大的差异。鼓藏节就是主要传承于苗语黔东方言区的一个极具特色的区域性节日。它以节日时间间隔长、节期长、组织复杂、内容丰富、仪式神圣庄严、消耗巨大而为世人所关注。

祖灵所在的木鼓（**王学文摄**）

鼓藏节是苗族一个支系的支族祭祀本支族列祖列宗神灵的大典。关于鼓藏节，在民间有多种叫法，如祭鼓节、吃鼓藏或吃牯脏。苗族多聚族而居，在过去，曾以血统宗族形成的地域组织“鼓社”为单位维系其生存发展。“鼓”是这一支族祖先神灵的象征，在鼓藏节或祭鼓的仪式活动中居于非常重要的地位。而写成“吃牯脏”也有一定道理，因为在节日期间要杀牯牛祭祖，然后由亲族分享。鼓藏节的时间和节期是一个难以说清的问题，不同支系过节的时间不一样，节期也不同，有每隔 3 年、7 年、13 年举行一次的；也有每过 5 年、9 年、11 年举行一回的；节期有过 1 年的，有过 3 年的，还有过 4 年的。贵州雷山苗族的鼓藏节每 13 年举行一次，每次一般持续 3 年。这种节日时间和节期的复杂性，固然与不同支系有关，还与不同支系的人对节日开始与结束的认识不同有关：有的是从节日准备时就开始算起，有的则从过节最高潮的那年算起。

在口耳相传的《苗族古歌》中，有关于鼓藏节来历的叙说。苗族人传说自己的母系先祖是蝴蝶妈妈。蝴蝶妈妈从枫树中孕育出来，生下 12 个蛋，这些蛋经鸟儿孵化后生出各种世间生命，其中就有苗族的始祖姜央。所以苗族人崇拜枫树和蝴蝶妈妈，认为祖宗的老家在枫树里，用枫树做成的木鼓就是列祖列宗神灵安息的地方。祭鼓就是在祭祀自己的祖先。所祭祀的“鼓”一般是一个长 2 米左右、直径 30—40 厘米且已经将树心挖空后用牛皮蒙住两头的枫木或楠木做成的，存于隐蔽的洞中。苗族是一个苦难深重的民族，经历了频繁的战乱和不断的迁徙。在漫长的历史发展中，苗族先民以鼓为标志、以血缘为纽带结成了一个个“鼓社”，以应对战争灾难，维系生存和发展。鼓藏节也就成为凝聚家族力量的重要手段。现在，鼓社制度虽然已经难见踪影，但苗族社会的宗族文化依然非常浓厚。

祭鼓仪式表演（**王学文摄**）

鼓藏牛（**王彦摄**）

贵州反排苗寨木鼓舞（**王学文摄**）

踩鼓（**王彦摄**）

鼓藏节的仪式由鼓社组织的领导“鼓藏头”操办。“鼓藏头”由民众选举产生。从杀猪或牛祭祖到节日活动的系列程序，均由“鼓藏头”组织安排，人们必须服从。鼓藏节的节期非常长。在长达三四年的节期中，每年都有习俗安排。以贵州雷山西江一带苗寨的鼓藏节为例。西江一带的苗寨一般是每13年过一次鼓藏节，每次吃鼓藏为期3年。第一年时开始“醒鼓”，也称“翻鼓”。鼓藏头带领族长、寨老等人到存放本族木鼓的山洞烧香化纸，唤醒木鼓，请先祖神灵进入木鼓，准备过鼓藏。醒鼓时要用鱼、鸭、猪肉、酒和糯米饭等。众人将木鼓请至踩鼓场，男女老少身着节日盛装跳铜鼓舞、芦笙舞，然后全寨人一起聚餐饮酒，欢唱高歌。第二年“请鼓”，吃鼓藏。各家各户早在头一年就开始喂养鼓藏猪或者鼓藏牛，酿好米酒，并通知亲朋好友过鼓藏的时间。亲戚朋友带着酒和鱼等礼物提前从四面八方赶来。祭鼓当天，鼓藏头第一个杀鼓藏猪或者鼓藏牛，然后其他的家庭才可以杀。之后，又会进入跳舞唱歌、欢聚宴饮的时间。第三年是“送鼓”，这也是鼓藏节的最高潮——祭鼓。各家各户还要杀猪宰牛，广邀亲朋好友来作客。大家在踩鼓场踩鼓，举行盛大的仪式后，将木鼓送回存放的岩洞。每一年活动的具体日期由鼓藏头确定。各村寨每年过的天数也不一样，有的要三五天，有的则长达半月。

苗族鼓藏节在内容上基本接近，但由于各区域的传统服饰类型和土语使用的差异，各地在节日仪式上又略有不同，如大部分地区苗族是以椎杀水牯牛为主，称为“黑鼓藏”，而部分地方是以杀猪为主，称为“白鼓藏”。鼓藏节对于苗族社会财力物力的消耗是非常惊人的。鼓藏节期间，几乎每家每户都要准备多头用来祭祀和待客的猪或牛，鸡鸭的数量就更无法统计了。根据习俗规定，舅家来过鼓藏节时要抬回一整只猪腿或牛腿。有的家庭一次鼓藏节要杀四五头猪。有的百户左右的村寨过鼓藏时一天之中宰杀的猪、牛数量会达到二三百头。考虑到苗族整体的经济、社会发展水平和牛在苗族生产生活中的重要作用，这种巨大的消耗着实让人难以理解。另外，在长短不一的节期中，有着非常复杂的仪式安排和一系列的禁忌。鼓藏节里所使用的水牯牛或猪都很有讲究，要求这些牲畜身上的旋纹都必须有固定的“规范”。节日中的仪式有选定“鼓藏牛”、斗牛、吹芦笙贺丰收、请神问期、定鼓藏名、定祭司、选定鼓藏头、醒鼓、请鼓、迎鼓、祭鼓、敬鼓、送鼓等一些列环节。在一定的仪式中只能说一些秘语。有些仪式环节只能男性参加。仪式中极尽神秘庄严，但在跳舞宴饮的环节，人们则会非常轻松欢快。

身穿百鸟衣的苗族青年。百鸟衣是作为宗教仪式中的特殊形式传承下来的古老的苗族服装。**（王彦摄）**

如此的复杂，如此的消耗，为什么苗族民众还会传承着鼓藏节呢？这里的逻辑不能用简单的实用主义和经济上的投入产出来衡量。只有深入理解苗族的历史和社会，才能深刻理解这其中的逻辑。在战乱频繁、迁徙流离的时代，凝聚力量、对抗灾难显然较之各自积累财富更有现实意义。而且要注意到，鼓藏节不是每年过，而是隔了很长一段时间，这客观上也给过节的宗族和村寨以休养生息的时间。同时，各苗寨过鼓藏节不在同一个时间点上，这样虽然说对某一个村寨而言 3 年、7 年、13 年才过一次鼓藏节，但实际上在这一区域，每年都有苗寨在过鼓藏节。在某一苗寨过鼓藏节期间，其他村寨的人和亲戚朋友也会受邀参加，同样要送礼并带走猪腿等礼品，这就在过鼓藏节的苗族区域社会中形成了礼物的一种自然流动，在礼物交换的习俗约束下使得各个过节的家庭在物力财力的投入上保持了相对的平衡。还有一点值得注意，在鼓藏节期间，鼓藏头、寨老等组织者会投入比一般人员更多的精力和物力，但这种投入换来的是整个宗族和社区对他们的尊敬。在传统的社区里，这对他们个人和家庭来说是一种很大的荣誉。这种社会美誉的获得在传统苗族社会中有着重要的价值。一个节日的合理性，正在孕育、传承它的社会之中。

纳顿节：节日脉络

区域性是节日的一大特点。有的节日，虽然大家都称呼同样的节日名称，但实际上却有着各种各样的差异。还有一种现象，虽然在同一个时间过节，但不同地域过的却可能是完全不同的两个节日。换句话说，只有在一个个具体的时空情境中去观察，才能更深入地理解节日之于地域社会的意义。纳顿节就是这样一个区域社会的节日。

二郎神像（**刘目斌摄**）

纳顿节是青海省民和县三川地区以土族村庄为主举办的酬神祈福、庆祝丰收的节日。三川地区位于青海省东部黄河北岸，三面环山，一面临水，因境内有前河、大马家河和杏河三条河流而得名。三川地区有 300 多个自然村，人口以土族为主体，另外有少量汉族、藏族、回族等。土族的历史来源众说纷纭，但可以肯定的是，土族先民与古代吐谷浑人有一定联系。元末明初时，土族逐渐形成为一个稳定的民族共同体。三川地区的土族与汉、藏等民族交流频繁，杂居相处，所以除了说土语外，还通用汉语。宗教信仰上也呈现多样化的态势，藏传佛教、萨满教和汉传民间信仰在土族人的精神生活中和谐共存。纳顿节，就生发在这样一种自然和人文环境中。

纳顿是土语，本意为“玩耍、耍高兴、开玩笑”。作为节日名称，它还有“庙会”、“庆祝丰收的狂欢活动”的意思。纳顿节每年从农历七月十二开始，一直延续到九月十五结束。在两个多月的时间里，三川地区各个土族村落的纳顿欢庆次第展开，首先从下川开始，再到中川，最后是上川，形成了一个隆重而有序的节日脉络。二郎神信仰和祭祀是纳顿节中的重要内容。在当地民众的思想中，二郎神是三川地区地位最高的神，是总神，现供奉于中川的朱家村。在纳顿节期间，二郎神像会被抬着到举办节日的大部分村庄巡游。程序一般是举办纳顿节的村庄在节日前一天到中川朱家村的庙中将二郎神请到本村纳顿会场，与本村的村神一起接受人们的供奉和祭拜，第二天纳顿会结束后再由下一个村庄接走。为了保持二郎神和众村神的神力，各土族村庄还会根据惯例定期更换神像的脏腑，名为“装脏”。

纳顿节的会场是固定的，一般在村庙附近。二郎神和村神供奉在会场上事先搭好的神帐中。第一天是小会，由村民自发地到会场献供、许愿与还愿。第二天是正会。正会时举行的仪式有会手舞、面具舞和法拉发神等。会手舞由主队（即本村的队伍）和客队（即前来祝贺的邻村队伍）来完成。客队到来时，主队要迎接。其间，会走出各种队形，还有唱喜讯、念颂词等内容。接下来就是表演面具舞。面具舞的内容非常深刻，如《庄稼其》表演的是老夫教子种田的故事，《三将》、《五将》、《关王》以颂扬关

献蒸饼（**刘目斌摄**）

《五将》表演（**刘目斌摄**）

《杀虎将》表演（**刘目斌摄**）

会手舞（**刘目斌摄**）

“法拉”跳神（**刘目斌摄**）

公为主题。面具舞结束后是法拉发神。法拉被土族认为是沟通神与人的中介，类似于汉族的神汉。法拉发神就是让神附身，传递神的旨意，并接受民众供奉的钱粮，有着深厚的萨满色彩。法拉发神后，节日就进入了尾声。纳顿节的基本仪式过程就是如此，但各个村庄在细节上还有很多差异。

纳顿节的资金筹备、会场布置、会手舞、面具舞等各项仪式的进行，头绪众多，需要有完备的组织体系才可以正常推进。纳顿节是民众自发组织的节庆活动，其组织管理也由民间自有的机制来完成。每个过纳顿的村庄都要推选几个组织者主持和安排各项活动。不同的村庄对组织者的称呼也不同，有的称主事的为“水牌”，其下的称为“水头”；有的称主事的为“宗家”，其下的协助者为“小解”。不管怎样称呼，这些组织者不仅是纳顿节的组织者，也是村里生产活动和其他宗教活动的民间管理者，有时还是民间纠纷的裁决者。纳顿节的深刻意义就在于让人们看到一个运转良好的民间管理机制。对比当下现代社会，组织某一活动时所要动用的人力、物力、环节众多，而参与者众多的纳顿节却由这样一些民间人士组织得井然有序，就更值得学习和借鉴了。

暂时不谈信仰问题，只就纳顿节举行的时间和内容来看，这是一个与农业生产和地域社会紧密结合的节日。下川、中川、上川次第过节的时序与三川地区的自然地理情况和庄稼成熟的时间是相吻合的——上川海拔最高，下川海拔最低。粮食丰收后，酬神、谢神、娱神也就自然而然了。面具舞《庄稼其》戏剧化地再现了农业耕作的场面，也是对人们的一种生产教育。

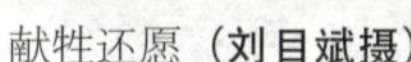

献牲还愿（**刘目斌摄**）

《庄稼其》表演（**刘目斌摄**）

另外，纳顿节中的很多节俗内容还有着古代军事生活的色彩。会手舞好似军队阵形的演练，《三将》、《五将》、《关王》等面具舞表现的则是武将的英勇。在关于纳顿节由来的传说中，就有相关的说法。据说元朝初年，蒙古的军队曾在三川休整。结果出发时，一部分人没有听见号令，被落了下来。后来这批人就在三川留了下来，开荒种地。以前的练兵习武日渐荒废，成了一种娱乐活动，逐渐形成了纳顿。这种说法虽无法考证，但应该说这与三川土族人迁徙到此屯垦戍边的记忆有关。

纳顿节始终围绕着酬神祈福、庆祝丰收的主题，自然也少不了亲朋好友的欢聚。在纳顿节正会这天，人们早早就赶到过节的村落，走亲访友，共同分享节庆的欢乐。在这一过程中，人与神、人与人、村与村构建起了亲密和谐的关系，社会也为之振奋。现在，每逢纳顿节，周边的生意人都会蜂拥而至，俨然成了一个历时两个月的物资交流会，从而使节日的经济功能也不断强化。

总之，纳顿节让人们看到一股朴素的民间俗信力量、一套简单而高效的组织体系、一条历时两个多月的节日链和一个数万民众参与的节日域。可以想见，这一节日对于区域的政治、经济和社会是何等重要。

母亲为女儿整理节日盛装（杨晓南摄）

生命的礼赞

无论是古代还是现代，生存和繁衍始终是一个文明社会最要紧之事。为了这个根本目的，人类除了在工业、农业、科技、医疗等方面付出种种努力外，还在生产生活中作出了许多社会的、文化的安排。在中国的社会文化中，就有丰富的敬重生命、讴歌生命、善待生命的设置。每一个个体生命从出生到死亡的历程中，都会经历复杂的诞生仪礼、育儿习俗、成年仪式、婚姻生活和丧葬习俗。在一定的历史阶段和人群中，这种对待生命的人生仪礼也成为节日文化的一部分，表现出群体性、周期性等节庆文化的特征。

儿童节：节日精灵

儿童是人类的未来。儿童阶段也是生命最脆弱的时期。在生理上，儿童的身体处于发育阶段，还需要成人的哺育、呵护。在心理上，他们还不谙世事，还没有独自面对社会的成熟心智和认知能力。在中国的社会文化中，一个婴儿刚一出生，还仅是生物意义上的存在，只有经过诞生仪礼或成人仪式后，才能获得在社会中的地位，被社会承认为一个真正意义上的“人”。因此，在中国的节日文化中，有专门为儿童而设的节日，以保护儿童健康快乐地成长，寄托子嗣绵延的期望。随着中国独生子女政策的推行，

节日里最快乐的是儿童（**王学文摄**）

穿着节日盛装的孩子（王学文摄）

贵州黔东南州三穗县台烈镇寨头村的苗族同胞欢度“祭桥节”。

孩子作为一个家庭甚至一个家族的唯一，更被当成宝贝，家人和社会投注的情感和精力更多，儿童的节日自然被更加重视。

当前在中国，全国性的儿童节日是“六一”国际儿童节。这是一个现代节日，时间是公历的6月1日，最初由国际民主妇女联合会于1949年11月在莫斯科举行的会议上设立，以保障全世界儿童的生存、保健和受教育的权利。中国早在1931年起就根据中华慈善会的建议，规定每年4月4日为儿童节。中华人民共和国成立后，中央人民政府委员会于1949年12月规定6月1日为中国儿童的节日。几十年来，这一现代的儿童节日已然成为中国节日体系的一部分。每逢“六一”儿童节，中国各地都要隆重庆祝。小学校会组织少年儿童排演文艺节目，进行文艺汇演，同时还会举办各种游戏娱乐活动。北京的很多小学和幼儿园在儿童节这天会在学校进行半天的集体活动，然后放半天假。一些机构在这天也允许有孩子的家长请假陪孩子过儿童节。家长会带着孩子到各公园游园，到木偶剧院看儿童剧，到游乐场玩耍。“六一啦，宝宝最大。”这一天，孩子再调皮，家长一般也是允许的，毕竟是属于他们的节日。虽然同一天过国际儿童节，但因为区域的不同和文化的差异，各地的儿童节也各有特色。如侗族地区

羌族小姑娘（**罗莎摄**）

去赶卯坡的水族女孩（**李思晋摄**）

的儿童过儿童节时会穿上侗族传统的服装，聚在一起唱侗族大歌。

与国家规定的现代儿童节不同，在中国的一些地区和一些少数民族中还有着传统的儿童节。贵州省黔东南的苗族每年农历二月初二会过“祭桥节”，这是一个为儿童祈福的节日。苗族民众认为桥可以护佑子孙，沟通和连接人神。因此有的家庭在孩子出生后会专门为其建一座桥，有的则是一个家庭或家族、村寨共有一座桥。桥的大小没有规定，有的桥只有一尺多长、几寸宽，但其象征意义是巨大的。按传统祭桥、保护好桥，才能保佑孩子平安。对这座桥的管理和祭祀会伴随着孩子的一生。每年农历二月初二日到来前，母亲就会为孩子缝新衣，把孩子打扮漂亮；要煮红蛋，织蛋包，挂在孩子胸前。父亲则会准备祭桥的供品。二月初二这天，家家要到自家的桥祭祀，烧上香纸。有的还用白纸、红纸剪成小纸人和纸花卷，粘放在小毛竹上，然后插在桥的四只角上。回家后，拿祭祀过桥的红蛋给孩子们吃。这天孩子们有什么要求，作为父母能办到的，都尽量满足。这可以说是苗族的“儿童节”。

云南省部分傣族地区在每年农历二月初十会过“彩蛋节”。节日的时候，傣族村寨的小孩人人胸前都挂着一个小兜，里面装着几个染成五颜六色的熟鸡蛋。孩子们成群结伴到村旁的树荫下或是小河边欢度自己的节日。他们在一起先玩各种游戏，玩累了便一起聚餐，将各自带来的彩蛋剥来吃。贵州省三都县水族过的“苏宁喜节”，也被称为妇幼节，节日时间是农历十二月的丑日。节日期间，所有的孩童提着特制的小竹篼，结队到各家户去讨象征长寿幸福的糯米饭、鸡蛋、肉片。家家都热情接待他们，让他

儿童游乐场里玩耍（**王学文摄**）

吹芦笙的孩子（**王学文摄**）

们尽情欢乐。同时，家家户户剪彩色纸人、缠竹条纸须，贴插在祭桌的墙头上，保佑妇女和儿童在新的一年里健康平安、幸福美满。

除了这些专门的儿童节日外，儿童在众多的节日中也是不可或缺的。每逢节日，最欢快的群体非儿童莫属。他们像是小精灵一样，活跃在节日中，被给予特别的关照。过春节期间，儿童们有着太多的欢乐。吃完年夜饭，孩子们给长辈拜年，长辈要给孩子们压岁钱，以保佑孩子健康成长，免受鬼魅侵害。穿着新衣服的孩子们在村中社区奔跑打闹、放鞭炮、抽陀螺、吃冰糖葫芦是中国北方春节期间最常见的风景。普米族过春节时，还会为年满 13 岁的男女儿童举行“成丁礼”，即“穿裤子”和“穿裙子”仪式。男孩换上新裤和短褂，女孩则换上裙子。接着，男女孩要叩拜灶神，向父母和亲戚们磕头。亲戚们则送给他们首饰、银币、牲畜、粮食和衣服等礼品，祝愿他们日后万事如意。穿裙、穿裤礼结束之后，少年男女可以正式参加生产劳动和社交活动，成为家族的正式成员。端午节的很多节俗更是以孩子为中心。在山西、河南一带，端午节时家里老人会早早地为孩子准备好“五毒衣”、“五毒鞋”。所谓“五毒衣”、“五毒鞋”是指绣有蝎子、蛇、蜈蚣、蜘蛛、蟾蜍这五种毒虫的衣服和鞋子。传统认为端午为“恶日”，毒虫出洞，穿“五毒衣”、“五毒鞋”可以驱除毒虫侵扰，避邪消灾。

姊妹节：银饰年华

各个年龄群体或性别群体都能在中国的节日体系中找到属于他们的节日。这其中又尤以青年节日最丰富。在经济不发达的年代，人们整日忙于劳作生产，没有给青年人的交往提供更多的时间。道路和交通的不发达，又使得人们与更远人群的交往受到限制。居住在草原大漠、高山峻岭间的人们在这方面的问题更为突出。但交流是人类的本性，也是实现人类生存繁衍的前提。因此，在这些人群的文化中，都会为人们的交流特别是青年的交流提供舞台和渠道。节日就是重要的选项之一。

盛装踩街（**王学文摄**）

姊妹节是流行在苗族黔东方言区的一个区域性节日。“姊妹节”是后来的汉译名称，在苗语中称之为“吃姊妹饭”。姊妹节的节期、节日来源的传说及相关民俗仪式，因各地的气候差异和地理环境条件的不同也略有不同。有的是在每年的农历二月十五过节，有的是在农历三月十五过节。节日前，姑娘们要到坡上采“姊妹花”，制作“姊妹饭”。这是一种用糯米和上五颜六色的植物汁液后蒸制而成的“五彩糯米饭”。在节日这天，苗寨的男青年会到自己心仪的姑娘所在的苗寨里作客。如果有外寨的男青年来到本寨，姑娘们要热情招待。姑娘们聚在一家，用自愿筹集的蛋、肉、鱼、酒和姊妹饭制作成丰盛的酒席，款待应邀前来的青年。这期间，男女青年分成两队进行对歌。对歌的内容十分广泛，有盘问姊妹节来历和姊妹饭含义的，也有巧妙传情的。你唱我答，歌声不绝。唱到最后，谁对答不来的，输的一方要送礼物。在歌声中，双方加深了了解。临别时，男青年会向心仪的姑娘讨姊妹饭，姑娘便用篮子盛满姊妹饭送给小伙儿。这送出的姊妹饭中大有玄机：如果藏的是松针叶，即表示小伙子要用绣花针和丝线酬谢姑娘，两人可以进一步交往；如果藏的是一对筷子或红花瓣，那就表明姑娘已经看中了小伙儿，可以谈婚论嫁；如果饭里藏的是辣椒或大蒜，就是告诉小伙子不要做梦了，两人不合适。通过这种具有象征意义的赠礼，姑娘小伙构建起更进一步的交流关系。

银色海洋（**王学文摄**）

盛装的苗族姑娘（**王学文摄**）

除了聚餐、吃姊妹饭外，姊妹节最引人注目的还是踩鼓场踩鼓的壮观场面。有女儿未出嫁的苗家在姊妹节这天是最忙碌的。母亲会早早地起床，为女儿梳妆打扮，为姑娘去踩鼓场踩鼓进行准备。他们认为姊妹节踩鼓是展示自家姑娘美丽的最佳时机。苗族姑娘的节日服装非同一般。苗族没有文字，他们的历史就记载在苗族女性的服饰上。她们身穿的节日盛装被誉为“穿在身上的史诗”，有的节日盛装还是一代代传承下来的。贵州省台江县施洞镇是姊妹节流行的中心区域，这一区域的苗族女子盛装以刺绣和银饰闻名。她们衣服的两袖和领、襟、两肩均有精美的刺绣图案，后背、前襟、袖口还会镶满錾花银片、银泡、银响铃等，称为“银衣”。姊妹节这天，苗族姑娘所穿的节日盛装在太阳的照耀下光彩夺目。她们头上会戴上长长的银角，还有银扇和银头花，同时还在脖子上佩戴银项圈，胸佩银锁，手腕处还会戴着几对不同样式的银手镯。有时全套盛装的重量会达到10多公斤，虽然华丽，穿戴、行动起来可不是件容易事儿。因此，姊妹节姑娘去踩鼓，母亲要挑个竹箩筐，一直跟在女儿的后面服务。盛装时的女孩子是不能够坐下的，需要卸装休息时，母亲要一件件细心地帮女儿把银饰取下来，放到竹篮里。姑娘在跳舞时，母亲还会不时地为其整理。

踩鼓时，盛装的姑娘们聚拢在鼓架的周围，以皮鼓为中心围成若干的同心圆圈，根据皮鼓的节奏，踏节而舞。踩鼓舞节奏明快但不急促，动作的幅度不大，其原因可能也与姑娘们穿戴如此沉重的盛装有关。男青年们此时则围拢在踩鼓场的四周，注视着令他们眼花缭乱的姑娘们。当然，踩鼓不是姑娘们的专利，很多已婚的苗族妇女还有老年妇人也身穿传统服饰围鼓而舞。不过，人们自然地按照年龄段围成圆圈，一般最外围的是年轻的姑娘们。

姊妹节的节日意义是丰富而深刻的。在传统上，姊妹节是这一区域苗族男女青年相识相知、谈情说爱的重要平台。盛装踩鼓，不仅是一种节日娱乐活动，更是一次家庭财富的展示。那一个个身着盛装的姑娘代表的不仅仅是个人，还有她的家庭。通过那华丽的踩鼓，姑娘可能会收获爱情，她的父母和家庭则会收获赞誉。因此，家庭会尽全力为女儿置办一套盛装，有时，一套盛装甚至是几代人财富累积传递的结果。

姊妹节，显然是推进苗族男女婚姻的青年节。

重阳节：九九敬老

中华民族是一个极为重视孝道的民族。“百行孝为先。”在中国的节日文化中，不仅通过祭祖敬宗等内容体现出浓厚的慎终追远的意识，而且老人在节日中的角色地位也鲜明地体现出社会习俗的要求和人们敬老爱老的情怀。重阳节就是一个典型的以敬老爱老为主题的老人节。

重阳节的时间是农历九月初九。在中国的文化中，“九”定为阳数，九月九日，日月并阳，两九相重，故而叫重阳，也叫“重九”。重阳节在一些地方也称“登高节”、“菊花会”等。历史上，这个节日不是一个老人独享的节日，其起源也有辟邪、求寿和尝新等多种说法。时值深秋，天高气爽、粮米归仓之际，又逢重九，于是人们在这一日便会登高望远，饮酒赏菊，佩戴茱萸。“九月九，九重阳，菊花做酒满缸香。”在浙江东阳一带，重阳节时人们会携带着菊花酒，全家登高揽胜，开怀畅饮。在四川广安，这天人们会呼朋引伴，登高欢宴。在过去，还会佩茱萸香囊，帽上插菊。重九之时，恰逢菊花正胜，赏菊、咏菊曾经是节日里的重要内容。重阳节还有文人节之称。古代的文人墨客在这天留下众多的美丽诗篇，以寄托重阳相思之情。

老人在节日祭祀里担当重要角色（**王学文摄**）

九月九日忆山东兄弟

（唐）王维

独在异乡为异客，每逢佳节倍思亲。
遥知兄弟登高处，遍插茱萸少一人。

近代以来，重阳节辟邪、尝新的意味日渐淡薄，但求寿敬老的节俗越来越重。九九重阳，因为与“久久”同音，九在数字中又是最大数，有长久长寿的含意，所以重阳佳节祝寿祈福，寓意深远。现在，在中国大陆，如果重阳正值周末，一家老少会欢聚一堂，一起秋游赏景，登山健体。在台湾，早在1953年就已规定重阳节为老人节，在这天会给寿星送寿桃、做寿面，举办各种敬老活动。

在一些少数民族中也有类似于重阳节的老人节。朝鲜族把尊敬老人看成家庭乃至整个社会生活中极为重要的礼节。在古代，朝鲜族把农历九月九日作为老人安慰日。届时，朝廷要设“耆老宴”，邀请老人参加，祝福老人们健康长寿。在民间，青少年对长辈必须使用敬语尊称，当着老人面不许吸烟、喝酒。

雪顿节上观看藏戏的老人（**王学文摄**）

节日里的彝族老人与孩子（李忻摄）

彝族二月八时老人在占卜（**李忻摄**）

花会上表演的老人（**王学文摄**）

非喝不可的场合，也要背席而饮。吉林省延边朝鲜族自治州自 1984 年起，把公历 8 月 15 日定为老人节。节日里，村村都敲锣打鼓，喜气洋洋；人人都身着盛装，载歌载舞。各地还要举行祝寿大会，请 60 岁以上的老人坐在台上，为他们佩戴大红花，并接受全村晚辈们的祝福。农历九月九在其他民族有过老人节的习俗，壮族的祝寿节同样是给老人过节，只是过法有所不同。壮族九月九日这天要给家中的老人准备寿米。凡是当年已寿满 60 岁的老人，其子孙要在节日给他们安排一个放粮的缸，叫“寿米缸”。节日这天，晚辈们和嫁出去的女儿看望老人时要带一些新米添入米缸，称为“添寿”或“养缸”。寿米缸放在老人的床腿边，有的放在神龛里，平时不能动，只有做寿时老人才会从中取米做成粽子和糍粑，分给子孙和亲戚们食用。云南新平县哈尼族的老人节是在农历十一月十五。这天早晨，全村的男青年要到山上去砍青松，装点村中的跳舞场。妇女则在家中备办佳肴。晚上，全寨的男男女女穿戴整齐，捧着香喷喷的糯米饭、鸡蛋等食物，敬献给坐在青松下的老人们。人们跳舞唱歌，欢度节日，敬贺老人。结束时，还会请老人讲述一年来子女们对他们的孝敬情况，并当场给尊老的晚辈予以表扬，对不孝的晚辈进行批评教育。

以上是专门敬老的节日。其实综观中国的节日，老人在其中有着重要的地位。中国最大的节日春节中的一个重要内容就是晚辈给长辈拜年。苗族过苗年、过四月八等众多节日中，都需要寨中德高望重的寨老来组织，其他人都要听从寨老的安排。老人在节日中讲述历史，主导仪式，传承文化。每一次过节，都是对他们地位和权威的一次确认和强化。

七夕之夜，身着汉服的少女们在福州三坊七巷向织女星献花、献果、上香，乞求智巧，更乞求爱情婚姻的姻缘巧配。

情爱的歌唱

情爱是人类社会永恒的主题。古代中国社会对于男女之间的交往有着诸多的礼法约束："男女授受不亲"，女子"大门不出，二门不迈"，儿女的婚姻要听从于"父母之命，媒妁之言"，甚至在结婚前男女双方都不曾谋面。但古代中国社会并不全然这一副卫道士的面孔，在中国的节日文化中，就为人类表达、歌颂和追求情爱打开了一扇窗口。如流行于青海、甘肃、宁夏等地的花儿会，广西、贵州等地的三月三都是这样的节日。在中国的少数民族地区，这样的节日非常普遍。在人与人的交流方式还受到时间、空间限制的年代，人们或是在春花烂漫的时刻，或是在夏日炎炎的时刻，或是在秋高气爽的时刻，或是在白雪飘飘的冬日，群集在山坡、树林、场院，以节之名欢聚交流，以歌会友，以歌传情。这种以节日的交流建立情爱、达成婚姻的方式，客观上也推动了人类的繁衍。

七夕节：牛郎织女

随着现代化、全球化的影响，西方的情人节在中国青年一代中越来越受重视，颇受欢迎。与此相比，中国本土的、传统的、有“东方情人节”之称的七夕节呈现出式微的态势。当然，随着近年中国传统节日文化传承和保护意识的逐渐增强和传统节俗内容的不断更新，七夕节作为现代男女约会、谈情说爱的节日意义越来越被看重，人们又开始重视起这个节日。

农历七月初七的七夕节是中国非常古老的节日。根据学者对东汉（25—220）崔寔《四民月令》记载的分析，至迟在东汉晚期，七夕节就已经成为有着特定风俗内容的节日。当时七月初的几日里，人们要造曲酿酒，采艾草等制作驱虫的药丸，要暴晒经书及衣裳等。[17]今天大多数中国人对这些节俗的内容已经很陌生了，但对七夕节牛郎织女的传说大都耳熟能详。

清代杨家埠年画《天河配》之七月七鹊桥相会

1959 年的黄梅戏《牛郎织女》剧照

中国古人对广袤的星空很早就有了深刻的认识。星空，是人们远游的指南和地图。北斗星七星连珠，始终挂于北方的天际；猎户座三星璀璨，年年冬季辉映于南天。人们依此确定方位，明确方向。夜空中的斗转星移，昭示着岁月的推移和季节的流转。人们又会依此感受岁时变化，安排四时劳作的节奏和周期。人们仰望星空，不仅通过对它们的长期观察总结出一整套星象的知识，建立起与人们生产生活紧密相关的联系，而且还将满天的繁星赋予名称，纳入尘世，假以故事，投以情感，讲述着众多脍炙人口的星空与人世的生动故事。牛郎织女的故事就是与天上的牛郎星、织女星有关的故事。故事的大意是这样的：

古时候有一个穷小子，家境贫寒，父母双亡，哥哥嫂子贪图家产，早早就跟他分家，只分给他一头老牛。于是他整天就以老牛为伴，乡邻们就叫他牛郎。牛郎是一个忠厚老实的小伙子，他精心地喂养老牛。有一天牛郎放牛时，老牛突然开口说话，告诉他有七个仙女会于某一天到河边洗澡。它让牛郎等仙女下水洗澡后，偷偷藏起一件仙女的衣服，这个找衣服的仙女就会成为他的妻子，她就是天上的织女。

牛郎按照老牛的指点，与仙女结成了美满的婚姻，并生下一对儿女。又过了很久，老牛老了，在死去之前，他让牛郎把它的皮留好，在危难关头会派上用场。果然，一日王母娘娘派天兵来带走私自下嫁人间的织女。牛郎眼看着自己心爱的妻子被带上天，情急之中披上牛皮，又用担子挑起一对儿女，飞上天追赶。眼看着越追越近，王母娘娘抽出金簪在天空中划出一条天河，挡住了牛郎的去路。这对恩爱的夫妻就此被生生分开，从此一个在河东，一个在河西，隔河相望，无法团圆。后来，玉皇大帝看他们可怜，于是就恩准他们每年七月七日见一次面，并叫普天下的喜鹊上天给牛郎织女架桥。

这个凄美的故事与天上的星星相合。天河就是我们看到的银河。银河西岸，最亮那颗星就是织女星，在西方的星座体系中属于天琴座。织女星东南方向，银河的对岸，有一大两小一字排开的三颗星，中间那颗是牛郎星，两颗较暗的星星就是他的一对儿女。在西方的星座体系中，牛郎星属于天鹰座。古人生动地将七夕节与牛郎织女的故事联系在一起，演绎出感人肺腑的人神之恋，让这一节日有了永恒的恩爱情愫。

在古代，七夕对女人来说是一个非常重要的节日，是乞巧的节日。古时，女红技艺是女人的一项基本技能，其能力的高低关系着她的婚姻和对她家庭的评价。织女是主管纺织之神，姑娘们为了获得更高的技艺，自然对织女膜拜有加。每逢七夕这天，姑娘们会在庭院里向织女星乞智乞

《七月乞巧图》，清朝“院画十二月令图”之一。画中描绘乞巧节当天，妇女设乞巧宴、许愿的场景。

巧。各个时代、各个地域，乞巧的方式也不同。南朝（420—589）时，妇女们乞巧时不仅要奉献瓜果祭品，默默祝祷，还要穿针引线，展示手巧技能。据孟元老《东京梦华录》载，宋代时都城汴梁的乞巧之俗更加丰富，从七月初一起就会开设乞巧市，贩卖种种乞巧物。七月初七这天，富贵之家会在庭中结彩楼，称为“乞巧楼”，摆瓜果、笔砚、针线，儿童作诗，女郎呈巧，焚香列拜。妇女望月穿针，或放蜘蛛在盒子内，第二天打开观察，如果结网圆正，称为“得巧”。

凄美的爱情和虔诚的乞巧之俗也是历代文人墨客渲染的重要主题，其中最著名的当数《古诗十九首》中的《迢迢牵牛星》：

迢迢牵牛星，皎皎河汉女。
纤纤擢素手，札札弄机杼。
终日不成章，泣涕零如雨。
河汉清且浅，相去复几许？
盈盈一水间，脉脉不得语。

七夕节在中国东南沿海一带又有另一番景象。近世以来，乞巧风俗在大多数地方都零落了，但在广东的很多地方却依然红红火火。广东有七夕拜七娘妈的风俗。所谓“七娘妈”，就是指七仙女。今天，广州珠村七夕节日期间，心灵手巧的姑娘们还会将自己精心制作的各种手工艺制品陈于桌上作为贡品。这些手工制品有用各色彩纸扎制的牌坊，还有用珠片、彩布做的七夕公仔，用七色纸裁剪而成的仙女服饰，用蜡捏成的腊梅花，用泡沫塑料等制成的各种瓜果。七夕公仔的内容很丰富，不仅有龙、凤、孔雀等，还有牛郎织女鹊桥相会、花木兰从军等戏剧人物或生活场景。节日这天，还会举行各种祭拜乞巧的活动。另外，在福建东部和台湾地区，七夕节还有一个特别的习俗，就是“拜魁星”。魁星被认为是文人的保护神，祭拜魁星主要是祈求榜上有名。与拜织女不同，拜魁星的主角是男子。拜魁星时会摆放供桌，焚香礼拜。礼拜完毕后，全家围坐在一起饮酒作乐。

以上的众多节俗，在中国今日的七夕节中大多已经失落，但其作为情人节的意义却获得了极大的发展。牛郎织女天河相隔、鹊桥相见的故事充满了情爱的浪漫。在中国戏曲中有著名的一出戏叫《天河配》，就讲述了他们的故事。织女下凡、牛星点化、拜堂成亲、天河相隔、鹊桥相会等情节通过戏曲的方式广为流传，深入人心。男耕女织、相亲相爱的生活图景是中国普通民众最为朴素的生活梦想。牛郎织女在银河两岸的相思守望和每年一次的相会私语又让多少男男女女感动和神往。在传统的七夕节俗中就有着

广州乞巧文化节：献七娘盘。

珠村女儿兴高采烈地参加乞巧节活动。

广州天河区珠村，乞巧节拜七姐的供案。

对这种情爱的向往。人们传说，七夕节的夜晚，在瓜田李下可以听到牛郎织女相会时说的悄悄话。因此过去在浙江绍兴农村，有许多少女这一夜会偷偷躲在生长得茂盛的南瓜棚下，希望在夜深人静之时听到牛郎织女说话，也期望得到这千年不渝的爱情。今日，七夕节已然成为男女谈情说爱的一个重要节日。每逢七夕，在城市里的商场、影院、饭店和公园中，到处是成双成对的情侣，他们手捧着鲜花，互送礼物，浓情蜜意，喜悦幸福。乞巧、祭拜等传统节俗，已经被情侣间的约会取代了。

三月三：春情萌发

在中国的节日文化中，每逢月日相同的“重日”大都安排有节日，如正月初一春节、二月二龙抬头、三月三歌节、五月五端午、六月六吃新、七月七七夕、九月九重阳等。这种重日立节的习俗与中国古人的数字崇拜观念和重日信仰有关。重日在中国古人的观念里被认为是天地交感、天人相通的特殊日子，于是在这一天人们会祭祖祀神、求福祈寿、走访拜会、宴饮娱乐，相沿成习，渐而成节。在这众多的重日节日里，三月三是一个非常普遍且极富个性和情趣的节日。

陕西西安大唐芙蓉园里的上巳节表演（**王学文摄**）

云南广南县，壮族少女跳起歌舞欢庆花街节。

三月三是春天的节日。在大自然春意渐浓之时，也带来人类社会的春情萌发。早在春秋时代，就有了三月初人们到水边沐浴、除恶祓禊的习俗，但在当时称为“上巳节”。上巳节原在三月的第一个巳日举行，从汉到唐宋一直非常盛行，节日时间固定在三月三日，节俗内容不断丰富，节日娱乐性增强，成为一个以宴饮娱乐为主的节日。在唐时都城长安，这一节日非常盛行，文人墨客会在曲江举行雅集，曲水流觞，聚会饮酒，吟诗作乐。东晋（317—420）王羲之的《兰亭序》中就提到了三月三日“兰亭修禊”；唐代王维的诗中也提到“三月三日宴曲江”的场景。与文人群体过三月节相对，普通民众在这日则会到郊外水滨洗除污垢，以除灾去凶。宋以后，上巳节的很多内容逐渐融合到寒食节、清明节中。今天，上巳节已经完全失落，但以三月三之名举行的歌会或在三月三日举行的各种庙会却一直存在于各民族和各区域中，成为阳春三月的美丽风景。但各民族、各区域的三月三有着各自的来源传说和发展历程，并不能简单地认为是上巳节的遗留。

三月三女子成人礼：加笄（**王学文摄**）

壮族民众认为三月三与刘三姐的传说有关。刘三姐是壮族民间传说人物，被认为是壮族的歌仙。其中有一个传说，她能指物唱歌，开口立就，自编自唱，歌如泉涌。后来遭地方恶霸逼婚，遂与情人在三月三这天殉情而死。为了纪念刘三姐，人们便在这天聚会对歌，称为“歌墟节”。三月三歌节与壮族深厚的歌唱传统有关。壮族民间认

海南黎族苗族同胞跳竹竿舞欢庆三月三。

侗族青年欢唱琵琶歌（**王学文摄**）

为，唱歌能消灾除难，还能增长智慧，所以生活中离不开唱歌。在三月三这天，壮族民众会赶歌墟，在传统的歌场搭歌棚、举办歌会。人们以歌叙情。对歌程序为见面歌、邀请歌、盘歌、爱慕歌、盟誓歌、送别歌等。同时还举行碰蛋、抛绣球、抢花炮等活动。云南的壮族把三月三还称为“花街节”。这天清晨，壮族妇女要用糯米蒸制五彩糯米饭，还要杀鸡宰鹅、煮红鸡蛋，然后将五彩糯米饭、鸡肉、红鸡蛋装进竹篮，陪着儿女走出家门，互相邀约赶花街。竹篮里的东西是父母给儿女准备的送给情人的礼物。花街上，人们分散在街头巷尾、田边地角、竹旁树下，各自选择对象唱歌。唱歌的内容丰富，既有开天辟地的歌，也有歌颂祖先业绩的歌；既有情歌，也有互考聪明才智的歌。情歌此起彼伏，几里之外都能听到歌声。

黎族的三月三，黎语称“孚念孚”。黎族人认为这是一个祭拜祖先、祈祝农作、狩猎丰收的节日。节日这天，黎族村寨的男女老少带着粽子和糕点汇集到五指山一带，祭拜祖先。夜晚时，青年男女在山坡上、河岸边燃起熊熊篝火，开始欢庆活动，跳舞唱歌，通宵达旦。在这一过程中，相互中意的男女青年会互相倾诉爱慕之情，相互赠送信物，相约来年的三月三再相会。

侗族也有三月三节，又称为“花炮节”。传说，古时侗家以桐树开花来确定插秧的时间。但有一年桐树没有开花，结果误了农时。为了吸取过去的教训，提醒人们按时插秧，于是到三月初三时，人们便

贵阳市云岩区布依族青年欢度仙歌节。

吹笙唱歌，走访亲友，并相互提醒该要忙农事了。节日这天，侗乡还举行抢花炮、斗牛、斗马、对歌、踩堂等活动。

云南白族每年三月三也会举行歌会。在云南大理，每年农历三月三，白族男女会聚到大理保和寺：结了婚的妇女和老人会到保和寺内送子娘娘和太子塑像前求子还愿，青年则为对歌、听歌或者寻找知音而来。布依族三月三又称“仙歌节”。如贵阳地区，节日当天，布依族男女青年要到山上去对歌。据传，谁唱的歌声最动听，天上的歌仙听到了就赠给她一副金嗓子，从此她在哪里劳动，哪里就有“金嗓子”，害虫只要听到就不敢来害庄稼。

卯节：旺盛生命

卯节是水族的重要节日。水族居住于中国西南云贵高原苗岭山脉以南的都柳江和龙江上游地区，其居住地山岭连绵、溪流交错，其间夹杂着若干平坝。水族村寨多依山傍水，气候温和，雨量充沛，自然环境优美。水族有文字，称为“水书”，掌握在神职人员——水书先生手中。水族人的衣食住行、婚丧嫁娶、宗教信仰等方面的民俗文化非常丰富。卯节是居住于龙江上游地区的水族民众的一个节日。

青山绿水间的水族村寨（**王学文摄**）

卯节祭祀用的供品（**王学文摄**）

卯坡对歌（**王学文摄**）

卯节的节期在水历的九、十月间，即农历的五、六月，时值水稻插秧完毕，等待禾苗打包抽穗的阶段。水书中认为，这一季节是绿色生命最旺盛的时节。卯节的最大特点就在于节日时间的安排上。它并不是所有的村寨同时在一个固定的日期来过节，而是以分期分批次的方式来过，最终过完卯节要历时近两个月。水族古歌中有“第一卯是水利卯，第二卯是洞坨卯，第三卯是水扒、水浦卯，第四卯是九阡卯”之说。这也是一直以来过卯节的次序。

卯节的具体节期是由水书先生通过掌握的水书知识来确定的。一般第一卯应在端午过后，农历五月三十日之前过；最后一卯应在农历六月之内过。节日节期的选择与传统的农业生产、生活是分不开的。卯节的节期与水族农业生产、生活有密切的关系，关于时间限制的约定也与此相关。水族的农业生产体系是传统的稻作农业体系，四时的安排基本围绕着稻作农业延伸、展开。过卯节的时段，是在插秧上坎结束之后，农业生产从忙碌的春种进入日常的打理、等待秋收的间歇期。这一时段，是雨水充沛、植物生长茂盛、最富生命力的时段，但同时对于民众生活而言，这一时段在过去却是青黄不接、粮食无以为继、焦急等待粮食丰收的时段。此时的卯节，也就有保佑禾苗生长、期盼稻谷丰收的意味。卯节期间稻田对雨水的需求量大，所以过卯节祈求雨水充沛的意义就十分重大了。而六月半之前最后一卯必须过完的民俗约定，抛开习俗禁忌方面的原因，还有生产上的重要原因。七月半时已经开始尝新米，秋收马上就会开始，所以必须在这之前过完卯节。

卯节的节日内容有祭祖、宴请亲朋和卯坡对歌等。卯节来临，家家户户要清扫房子，备办节日所需物品。外出的家人和嫁出去的女儿都会赶回来过卯。在卯节的前一天即寅天的晚上，和卯节的当天早上，各家都要设席祭祖。卯节祭祖不用鱼，而用鸡、鸭或者猪肉等。祭祖时，还要放一堆燃烧着的炭火，并点燃一个烟杆，供祖先享用。有些过卯的村寨除了家庭祭祖外，还举行全村的祭祖和祭稻田仪式，祈求风调雨顺、稻谷丰收。

过卯节时，最有特色的是卯坡对歌。所谓“卯坡”，是一直以来水族村寨过卯时唱水歌的山坡，通常在村寨的附近。水族的民众，以青年男女为主，这一天会齐聚卯坡，寻找心仪的对象，以歌传情。原来卯坡对歌前，一般由德高望众的寨老先宣布开始，并请歌手唱完开天辟地、创造万物的全套古歌后才可唱情歌。但现在，这些程序已经没有。在烈日下，姑娘们撑着花花绿绿的雨伞遮住害羞的脸庞，小伙子们围在周围浅吟低唱。对歌时，男女方各有一位主唱，几个同伴在其旁边做帮手。每唱完一小段，伴

人头攒动的卯坡（**王学文摄**）

唱者就哼起衬和的帮腔调。对歌时，通常先唱相识歌，接着便会询问哪村哪寨和家里情况，两人都巧妙应答。如果双方有意，就会告诉姓名，还有直接带回家中的。对这种卯坡上认识而带回家中成亲的，男女方家长一般不会干涉。在过卯节的村寨中，都有这种卯坡认识后成亲的情况，现在四五十岁的这批人，很多人都有这种让人心动的情感经历。

卯坡情歌的曲调虽然简单，但歌词内容却充满了情趣和人生哲理。

好石不怕风雨，
好树万古常青。
好鼓不用重锤，
我的好哥哥（妹妹）啊……

好山要配好水，
好歌要对知音。
好人永结同心，
我的好妹妹（哥哥）啊……

与当下男女青年直接大胆的恋爱方式不同，卯坡上对歌的男女虽然唱着令人怦然心动的情歌，但对唱的双方却并没有太多的眼神和肢体的交流，只会偷偷地瞥一眼。他们更像是在自我吟唱。

“子时天无光，卯时亮堂堂，稻谷生长旺，小伙配姑娘”，这几句流传于过卯地域的俗语生动地概括了卯节的意义。稻谷生长与婚姻缔结都直接关系着一个族群的生存和繁衍。人们在长达两个月的节期里，除了在家庭里祭祖祈福之外，还会走村串寨走亲戚，赶卯坡，唱水歌。次第开始的节日，一个个卯坡，让这一区域的民众流动起来。在这种流动、交流中，男女相识，婚姻缔结，社会和谐。

正因为这样的节俗，卯节也就有了情人节、青年节的含义。一方面，节日使人们获得更多的交流和表达的机会，提供了一种缔结婚姻的渠道；另一方面，姻亲关系在这种差序的节日安排中，通过相互的走访而不断得以强化。

卯节是最能体现水族社会中姻亲关系生产方式的一个节日。现在的年轻人从小一直接受学校教育，

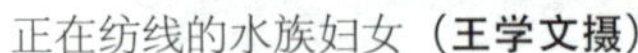

正在纺线的水族妇女（**王学文摄**）

酿制米酒（**王学文摄**）

学校的教育体系部分地代替了家庭的教育传承功能，原来许多依靠家庭生活、村寨生活来传承的传统文化在学校的教育体系中没有相应的传播渠道，而且随着电视、影碟广泛地进入这些村寨、家庭，年轻人的生活开始围绕着外面的世界而转。特别是近年来，越来越多的年轻人外出打工，所以赶卯坡的人越来越少，卯坡上会唱情歌的也逐年减少。当然，卯节赶卯坡、唱情歌，这一曾经在水族卯节区域年轻人缔结婚姻方面发挥着重要作用的民俗事项，在水族的一些村寨依然散发着让人情动的魅力。

结语：重新发现节日

中国节日的丰富性是难以用 20 多个节日代替的，中国节日的复杂性也是难以用 20 多个节日揭示的，中国节日的深刻性更是难以用 20 多个节日说透的。有限的个案，有限的文字，只是为读者打开一扇观察和进一步了解中国节日的窗口。在对 20 多个节日个案的描述中，读者已经对中国节日久远纷繁的来源、中国节日丰富复杂的形态和内容、中国节日之于中国文化和中国社会的意义有了基本的了解，所以结语将更多地谈一下当时当下中国节日在飞速发展和激烈转型的中国社会中传承发展的现状、趋势和问题。

一如所有的民俗文化事项一样，节日一刻也不曾脱离开政治、经济、社会、文化的影响，始终与它们共同变迁演进。与此同时，节日也以其特殊的方式影响着政治、经济、社会、文化的发展变迁。

1949 年中华人民共和国建立后，中国共产党和人民政府对民国时期的传统节日政策进行了一定的微调，如春节纳入到节假日序列，同时规定，少数民族习惯的节日，由各少数

水族卯节时寨老、政府官员共同主持仪式
（王学文摄）

民族聚居地区的地方人民政府，按照各民族习惯规定放假日期。[18]同时，在物资相对匮乏的年代，为保证传统节日，特别是一些少数民族传统节日的进行，政府还专门颁布了相关的保障政策，如 1951 年贸易部颁布的《关于少数民族的年节优待办法的规定》。“文化大革命”十年，对民族文化，包括传统节日文化的传承发展而言无疑是一场浩劫。在破除“旧思想、旧文化、旧风俗、旧习惯”的目标指引下，很多传统节日被视为非法活动横加批判和取缔。当时境遇较好的春节，也未能幸免，甚至不再放假，要求过一个“革命化的春节”，就是春节不休息，坚持“抓革命，促生产”。[19]在这种环境下，一大批传统节日从此销声匿迹，还有一批传统节日完全转入地下，偷偷为之。传统节日的组织体系和运行机制破坏殆尽。同时，一些政治性、革命性的节日应运而生。改革开放至 20 世纪 90 年代中后期，随着政策的宽松、经济的发展和文化认知的改变，文革中衰落的民俗文化活动一度复兴，各民族、各地区的很多节日一时又被重新接续起来，虽仍心有余悸但却试探性地再次生发和呈现出来。而这时，政府也将主要精力投入到推动改革开放、发展地方经济之上，没有将节日文化的传承发展作为特别的工作对象，也没有制定专门的政策，主要依托于相关部门，开展了一些“三下乡”、“送温暖”等活动，以活跃节日氛围。

进入新世纪以来，节日文化的生存发展境遇一改过往的被忽视、被压制的状态，获得了前所未有的关注和发展空间。从政府、专家到一般民众，从国家战略、大众传媒到民众生活，保护、传承、利用、发展节日文化，已经成为一种共识、一种趋向、一股热潮。应该说，进入 21 世纪以来，中国节日的价值被重新发现。

在政府层面，中国政府对节日，特别是传统节日的认识已经基本摆脱了过度政治化和意识形态化的影响。一方面，节日作为中华文化的重要组成部分的文化认知得以确立，对其在社会发展中的地位和作用有了更加理性科学的认识。另一方面，政府开始不断推动保护节日文化的工作，并急切期望通过保护节日文化，实现社会和谐和科学发展。在国务院颁布的三批国家级非物质文化遗产名录中，节日达到 110 项之多。还有很多名录项目也直接或间接地与节日有紧密的关系，如关于节日的民间传说故事，在节日中上演的传统戏剧、舞蹈、音乐，在节日中使用的器物等。另外，一批以节日文化保护研究为指向的工作在政府的主导下得以展开。国家文化典籍工程《中国节日志》是其中的代表，这是中国史志传统的延续，是第一次为中国传统节日修志，规模宏大。另外，政府直接或间接参与的节日活动更是不胜枚举，在这些工作中，政府扮演着资金提供者、主导者等多重角色。近年，在海外统一推出的“欢乐春节”已经是重要的对外文化品牌活动，中国政府希望通过这一系列活动，让全球各国与中国共度农历春节、共享中华文化、共建和谐世界。

媒体的围观（**王学文摄**）

青海湟源中华母亲节（**王学文摄**）

在学术研究层面，随着文化遗产保护热潮的兴起和全社会对节日文化的重视，节日研究一跃成为当前的热点。一些专门以节日为研究对象的机构纷纷成立，跨学科的节日研究团队日渐形成。如山东大学、云南大学、西南民族大学建有节日研究基地，北京大学有中国节庆研究中心等。一些非政府组织依靠一些专家纷纷成立节庆专业委员会，如人类学民族学研究会民族节庆专业委员会、中国民间文艺家协会节会文化专业委员会等。以传统节日为研究对象的科研课题在近年呈现井喷式的增长。这些课题设置层级不同，研究方向多样。既有节日综合性的、宏观性的研究，也有对某一节日深描式的研究；既有侧重文化价值和意义方面的研究，也有侧重社会组织体系、运行机制方面的研究；既有文化典籍意义上的集成项目，也有政策咨询性的项目。可以说，近年的中国节日研究吸纳了多种学术资源的参与，使得节日研究本身广泛化、深入化和现代化的同时，节日学理论和框架的雏形渐露。

现代社会是一个媒体无处不在的社会。在任何一个领域、任何一个事件中，都能看到媒体，特别是现代媒体的身影。现代传媒发展到今天，已经全方位地、深刻地影响着人们的生活，重塑着人类的认知和交流方式。人们不仅有着电视、广播、网络等接受信息的渠道，而且随着相机、录像机和具有摄录功能的手机的普及以及微博、博客、论坛等工具的产生，也使每一个个体都有能力、有条件成为信息的制造者和传播者。这是一个“人人皆媒体，全民皆记者”的时代。面对节日这样一个有着丰富内容和深刻意义的特殊时日，无论是以新闻报道为职责的专门机构，还是身处其中的个人，都不会将其忽略。因此，我们看到了众声喧哗的节日传播景象。节日离不开传媒，传媒也不曾忽略节日。电视、广播、报刊、网络等媒体虽然有不同的传播渠道、传播方式和传播特点，但节日都是其传播的对象。

羌寨里的舞蹈（**王学文摄**）

传媒的影响力，不仅体现在能够将有关对象的信息传播出去，而且体现在这些经过筛选、编排过的信息一经传递出去，就带着某种价值观和内在导向，影响到信息接受者的认识，进而影响到传播对象本身的发展轨迹。节日受到各类传媒的影响，不可避免地在传媒世界中被描述、传播、改造和重塑。中国节日与传播的问题包括中国节日的传播与传播中的中国节日两个方面，主要体现为：一是传媒围观节日。在当前中国众多的节庆活动中，特别是在政府主导的节庆活动中，媒体是重要的参与者。组织者普遍有着一种对外宣传推广的内在动力，这种动力或来自于彰显本土文化的自然需求，或来自于政治利益、经济利益的驱动。在这种动力下，众多组织者希望通过媒体来使这一非常地方化、本土化的节日进入到主流渠道，以获得知名度和影响力。在节日现场，手拿长枪短炮、肩扛摄像机的记者享有极大的权力，可以任意穿梭于会场内外。在这里，理应作为过节主体的民众的感受和行为被忽视，相反要迎合传媒的需求，保证传媒所需的场景、画面和信息。节日呈现出一种无助的、被围观的状态。二是传媒参与节日。传媒不仅是节日信息的采集者、观察者，还以其强势的传播力量主动参与节日。在传媒关注比较多、比较久的节日中，媒体已经成为节日中的重要组成部分。在节日气氛的渲染、参与节日热情的调动、节日活动的宣传引导等方面，传媒都发挥了巨大的作用。三是传媒改变节日。传媒对节日的深刻影响，还体现在对节日内容和程式的改变上。传媒本身的发展和介入节日的程度日益加深，为传统节日增添了许多新内容和新形式。以短信拜年为例，2011 年春节，大年三十当天，北京地区移动手机用户短信发送量近 7.7 亿条。北京联通的数据显示，年三十早 8 点到年初一凌晨 1 点，短信量共计 1.43 亿条。若再算上北京电信用户的短信发送量，除夕之夜，北京手机用户拜年短信发送量超过 10 亿条。[20]

景区里的村民向游客兜售商品（**王学文摄**）

改革开放以来，以经济建设为中心这一主轴已经深入中国人的骨髓。经济发展水平的高低和经济利益的驱动力也深刻地影响着节日文化的传承发展。在这一过程中，随着经济体制改革的深入推进和转变发展方式认识的确立，从上到下对节日文化的地位、作用和价值的认识也不断深化，中国传统节日的传承发展境遇也走过了从最初的无暇顾及到“节日搭台、经济唱戏”，再到节日也是生产力这样一个认识上的变迁过程。时至今日，经济因素仍是中国节日传承发展过程中一个重要的影响因子。在政府、学术、媒体等方面的情况，都或直接或间接的有经济因素的作用。

节日经济是节日文化在现代社会发展变迁中产生的一种综合性的经济形态。在节日的消费中，不仅有满足基本生活需求的日用品、食物、衣着等方面的支出，还有满足节日习俗要求的特定支出和情感性、社会性行为支出，如中秋的月饼、春节的红包等，而且一些由节日衍生出的消费越来越多，如招商引资、旅游观光、休闲度假、美容健身、餐饮娱乐等。

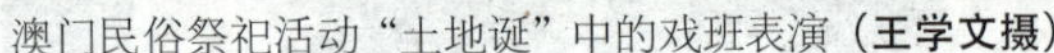
澳门民俗祭祀活动“土地诞”中的戏班表演（**王学文摄**）

广西毛南族分龙节上的表演（**王学文摄**）

应当说，人们很早就意识到节日的经济价值。在市场灵敏的嗅觉、资本逐利的天性加上政府和民众发展经济的渴望等因素的共谋之下，人们对节日经济价值的利用、开掘非常踊跃。但在这一过程中，节日经济的简单利用和过度开发，也带来节日人文精神缺失，节日过度商业化、日趋肤浅化的问题。陈洁在《人民日报》一篇文章中写道：“中国的寒食节背后有介子推宁死也不肯受缚于功名的故事，重阳节体现了中国古代的阴阳思想，清明节不仅仅是祭祖和慎终追远，还是欢快的‘朝来新火起新烟’的春游时节——现在，有多少人了解这些节日背后的文化？”[21]有关对节日期间过度包装、奢侈浪费、请客送礼的批评更是常常见诸报端。有媒体评论员就指出：“节日经济是由文化‘陈酿’带动的消费热潮。离开节日的文化氛围，离开民众对这种氛围的普遍认同，所谓节日经济不过是无源之水，无本之木。”节日要对经济产生效应，是需要土壤和传承的，而这些生造的节日很难起到节日的作用，只会让人越来越失去节日的概念，真正的节日也会逐渐失去拉动经济的效应。[22]

以上对中国节日在政府层面、学术研究层面、媒体层面和经济层面的认识程度、存在状态和实践情况的探讨，其用意是全面地反映出当下社会中节日传承发展所处的境遇。重新发现节日的价值和意义是当前各个层面的共同趋向，这也恰好折射出节日在民众生活层面所处的一种状态。春节、清明、端午、中秋等本身流布较广、影响较大的节日，在民众中有着高认知度。与之相对的，人们对二月二、七月半、重阳节等节日和众多的少数民族节日的认知还主要局限于这些节日所流布的区域和人群。人们对节日的认知差异明显，并趋于浅层化。知其然而不知其所以然的状态比较普遍。人们对节日的源流、节俗活动的文化内涵和意义知道较少。加上市场化、商业化的影响和现代社会生活方式的建立，节日逐渐趋同于一般假日，休闲、购物色彩愈发强烈。也正因为此，就有了中秋节沦为“月饼节”、节日只剩下吃吃喝喝的担忧和批判。

虽然节日特别是传统节日文化在向现代社会转型过程中有着种种的不契合的问题，但保护和传承节日文化在广大民众中是有广泛的民意基础和共识的。当前人们经常发出的过节没意思、节味越来越淡的慨叹，虽然有怀旧思乡情绪和节日与日常反差性缩小等因素，但也从一个侧面反映出人们对当前节日状态的不满意和对其有着更高的期待。刘铁梁曾在《感受春节》一文中指出：“年味淡了……真正的原因是时代变了，人与人的关系变了，彼此交流的方式也变了，这些变化比物质生活的变化还要来得深巨。”[23]人们的期待是节日应能给人们带来归家感和亲情感、历史感和尊严感、狂欢感和实践感。最后，要注意民众在节日中的角色问题。社会各方面对节日文化的关注和重视无疑为节日文化传承创造出非常好的环境。但是在政府、学术、媒体和经济力量的介入下，本来作为节日主体的民众在这些规模宏大、数量众多的节日、庆典中却并没有获得主体的地位，政府官员、专家、商人、记者成为节日活动的座上宾，民众成为观众或演员，本来属于民众生活一部分的节日内容，成为被围观、欣赏甚至于猎奇的对象。官、商、学、民同乐同享的状态还没有普遍达成。因此，就导致了以节日之名办的活动从时间和内容上与民众生活中的节日并不一致，在民众口中就有了“政府的节”和“我们的节”的双轨制的区分。

综上来看，中国节日在中国社会中是一种多维的存在，是作为文化软实力的节日、文化传承载体的节日，同时还是发展资源的节日和民众生活方式的节日。这样多维的存在，就是当下中国节日的真实状态。

简言之，有这样四个特征：（一）全民关注，高度期待。不同层面的人们以多样化的视角关注着节日文化，投注着不同的情感和思索，付诸不同的行为实践，传递着不同的诉求和期许，有政治的追求、经济的追求、文化的追求，还有身体上的、民俗传统上的和个体精神上的追求，特别是团聚、娱乐、狂欢等情感上的需要。（二）政府、资本强势利用节日推动地方发展。在政府、资本主导的，被媒体大肆宣传的以“传统节日”之名举办的节日活动中，社会的认可度和民众的参与度都不乐观。政府和商业资本的强势主导，不仅改变了传统节日原来的节俗内容，还更加深刻地改变了它一直赖以依存的组织体系、

为发展旅游，云南西双版纳天天上演“泼水节”。（**王学文摄**）

筹资方式等。（三）当前节日文化的传承发展中，恰好是作为节日精神、文化内涵的内价值日益衰落，比如一些源自民间信仰的庙会神圣性逐渐减弱，一些节日本来通过对歌娱乐来促进男女交友和婚姻的功能已经不再需要。与此相对的，却是节日外价值的过度彰显，比如强调节日有拉动消费的作用、满足口舌之欲的作用等。（四）城乡之别、长幼之别、男女之别、职业之别直接导致了需求之别。这种多样化不仅体现在需求的内容上，还体现在对满足需求的方法、手段、载体和形式上也有不同的要求。

但是，毋庸讳言，中国节日文化的传承发展正处于一个最好的时期，也处于一个最关键的时期。中国政府和民众对节日生活价值的认识不断深化，让节日回归民众、回归生活、回归文化的呼声越来越大，相关的实践举措也不断推出。政府在节日文化保护、传承中的角色也正在从一手包办、大操大办的主导型向引导服务型转变，为民办节，为文兴节。节日文化的传承发展也正向整体性、综合性、立体化的方向发展。同时，人们已经意识到节日在现代社会中面临的问题。现代化、城市化和全球化已经把中国社会带入一个新的时代，并且让人们过上了传统与现代交错杂糅的生活。在这种情况下，节日也必须面对现代适应和转型的问题。人们正在或主动或被动地寻找和激发节日文化，特别是传统节日文化与现代社会契合的因子，如鼓励传统节日文化与动漫游戏、网络通信等现代技术的结合，提倡传统节日文化进入学校教育体系等。

中国节日，归根结底是中国人协调人与鬼神、人与祖先、人与自然、人与自身、人与社会的交流的文化。它的存在，为中国人的生活世界涂上了浓墨重彩的一笔，成就了大千世界和而不同的人文图景。它是那样的绚丽多姿，又是那样的至关重要。因为有节，中国人的日子变得有声有色、有滋有味。过去是，现在是，未来也将这样。

后记

《中国文化·节日》是本小书，但小书不小。

我在接受撰写《中国文化·节日》的邀请、进行写作的过程中，心里始终有些忐忑。中国节日，是一个可以大书特书的主题，但也实在是一个纷繁复杂的主题。每一个中国人都有切身的节日体验，但又有几人能说清在岁月流转中节日的历史、内涵和意义，又有几人能把握节日的发展现状和趋势呢？我开始从事民俗文化的研究工作以来，一直在参与推动中国节日的搜集、整理、保护和传承工作。但工作得越久，了解的、参与的节日越多，越深切地感到中国节日的非同寻常，也就越不敢轻言妄语。还好，在这一过程中，一直有众多师友给我鼓励和支持。

《中国文化·节日》的定位是面向海外读者的，所以如何简洁、准确并相对全面地展示出中国节日的样貌，也是我在写作过程中纠结的地方。以往类似的节日书籍多采取了以时间为序的方式来写，这样写固然让读者感觉脉络清晰，但中国有些节日的时间是依不同的历法确定的，时间不固定，有些节日的节期还会跨越多月、甚至多年。同时，过往的很多节日书籍，以介绍春节、清明、端午、中秋等节日为主，而对于现代节日和少数民族节日的描写则很少，而从内容上，也以介绍节日历史为多，而介绍当下情况偏少。鉴于这些原因，本书最终没有采用时序的书写框架，而以节日不同的主题来构架全书，以更好地展现中国节日的丰富性和内在主题上的一致性。同时，在节日的选取和书写过程中，我也努力兼顾历史与现实、传统与现代、汉族与少数民族的平衡。但这一追求实现多少，还有待读者的品评。

本书虽然采用了一种新的框架，并坚持了一定的书写指向，但不能说是一种完全意义上的原创。我在书中吸收了李松、张刚、萧放、张士闪、刘宗迪、岳永逸、张勃等众多学人在节日方面的研究成果，同时也因为在文化部民族民间文艺发展中心一直负责推动《中国节日志》的编撰，所以就有了“近水楼台先得月”之便，利用了很多工作中积累的资源。李思晋、张从军、王建民、张士闪、敖其、吴效群、王彦、杨晓南、刘目斌、肖坤冰等为本书提供了很多精美的图片，大大增加了本书的可读性。谨在此向以上机构和师友致谢。

中国节日远比我的书写精彩。希望这本书能为读者打开一扇窗，在未来的日子里能够亲身体验中国节日的魅力！

参考文献

1. 萧放：《岁时——传统中国民众的时间生活》，中华书局，2002 年，第 8 页。
2. 萧放著：《岁时——传统中国民众的时间生活》，中华书局，2002 年。
3. 刘东：《有节有日》，《读书》2001 年第 10 期，第 87 页。
4. 参见高占祥主编：《中国民族节日大全》，知识出版社，1993 年。
5. 李丰楙：《严肃与游戏：从蜡祭到迎王祭的“非常”观察》，《民族学研究所集刊》（台湾），1999 年，第 135—172 页。
6. 吉狄马加主编：《青海花儿大典》，青海人民出版社，2010 年，第 71 页。
7. [英]维克多·特纳著，黄剑波、柳博赟译：《仪式过程：结构与反结构》，中国人民大学出版社，2006 年。
8. [日]渡边欣雄著，周星译：《汉族的民俗宗教——社会人类学的研究》，天津人民出版社，1998 年。
9. 冯骥才：《年文化》，载中国民间文艺家协会编：《我们的节日·春节》，宁夏人民出版社，2008 年，第 103 页。
10. 萧放：《传统节日与非物质文化遗产》，学苑出版社，2011 年，第 145 页。
11. 邢莉编著：《中国少数民族重大节日调查研究》，民族出版社，2011 年，第 305 页。
12. 引自《古兰经》第一章，1—7 节。
13. 王杰文编著：《民间社火》，中国社会出版社，2006 年。

14. 欧军：《古代蒙古族的时间观念》，《黑龙江民族丛刊》1995 年第 2 期。
15. 邢莉编著：《中国少数民族重大节日调查研究》，民族出版社，2011 年，第 345—371 页。
16. 色道尔吉编译评注：《蒙古族历代文学作品选》，内蒙古人民出版社，1980 年，第 48 页。
17. 刘宗迪：《七夕》，生活·读书·新知三联书店，2013 年。
18. 参见 1949 年政务院发布的《全国年节及纪念日放假办法》，全国人民代表大会民族委员会：《中华人民共和国民族法律法规全书》，中国民主法制出版社，2008 年，第 86 页。
19. 参见高丙中：《民族国家的时间管理——中国节假日制度的问题及其解决之道》，《开放时代》2005 年第 1 期，第 76—77 页。
20. 刘潇潇：《短信 微博 iPhone4 新春三大看点》，《北京青年报》2011 年 2 月 16 日。
21. 陈洁：《莫冷落了节日文化》，《人民日报》2011 年 5 月 19 日，第 024 版。
22. 王颖：《节日经济真伪之辨》，《国际金融报》2008 年 9 月 24 日。
23. 刘铁梁：《感受春节》，《节日研究》第三辑春节专辑，泰山出版社，2011 年，第40—47 页。

附录：中国历史年代简表

旧石器时代	约 170 万年前—1 万年前
新石器时代	约 1 万年前—4000 年前
夏	约公元前 2070 年—公元前 1600 年
商	公元前 1600 年—公元前 1046 年
西周	公元前 1046 年—公元前 771 年
春秋	公元前 770 年—公元前 476 年
战国	公元前 475 年—公元前 221 年
秦	公元前 221 年—公元前 206 年
西汉	公元前 206 年—公元 25 年
东汉	公元 25 年—公元 220 年
三国	公元 220 年—公元 280 年
西晋	公元 265 年—公元 317 年
东晋	公元 317 年—公元 420 年
南北朝	公元 420 年—公元 589 年
隋	公元 581 年—公元 618 年
唐	公元 618 年—公元 907 年
五代	公元 907 年—公元 960 年
北宋	公元 960 年—公元 1127 年
南宋	公元 1127 年—公元 1279 年
元	公元 1206 年—公元 1368 年
明	公元 1368 年—公元 1644 年
清	公元 1616 年—公元 1911 年
中华民国	公元 1912 年—公元 1949 年
中华人民共和国	公元 1949 年成立